お役立ちサポートグッズ

本文で紹介している、子どもへの援助をサポートするカードなどのお助けグッズです。

落ち着きのない子どもだけでなく、行動や気持ちの切り替えの難しい子どもや、すべきことが言語だけで通じにくい子どものサポートにもお使いください。

①スケジュールボード

⬇参照 P.36

Q10 不安からか、そわそわする子がいます…
A スケジュールボードを活用して、〝お仕事〟をお願いしてみましょう

⬇**他にも生かせます**

P.42 **Q13 やれないの？ それともやりたくないだけ？**
P.48 **Q16 周囲に気を取られず、自分で身支度を進めるには？**

〈作り方〉
①カラーコピーをして厚紙に貼る（または、ラミネート加工をする）。
②カードは角を丸く切り落とし、矢印は形に沿って切る。
③段ボール板（または、ホワイトボード）を用意し、面ファスナーを貼る（ホワイトボードの際は、裏にマグネットシートを貼る）。

〈使い方〉
①子どもと一緒に、ボードにカードを貼る。
②今することを矢印で示す。

きがえ

あそび

コピーをする際には、こちらの文字が見えるようにしっかりと開いてご利用ください。

あいさつ

ひるごはん

おひるね

コピーをする際には、こちらの文字が見えるようにしっかりと開いてご利用ください。

てあらい

うがい

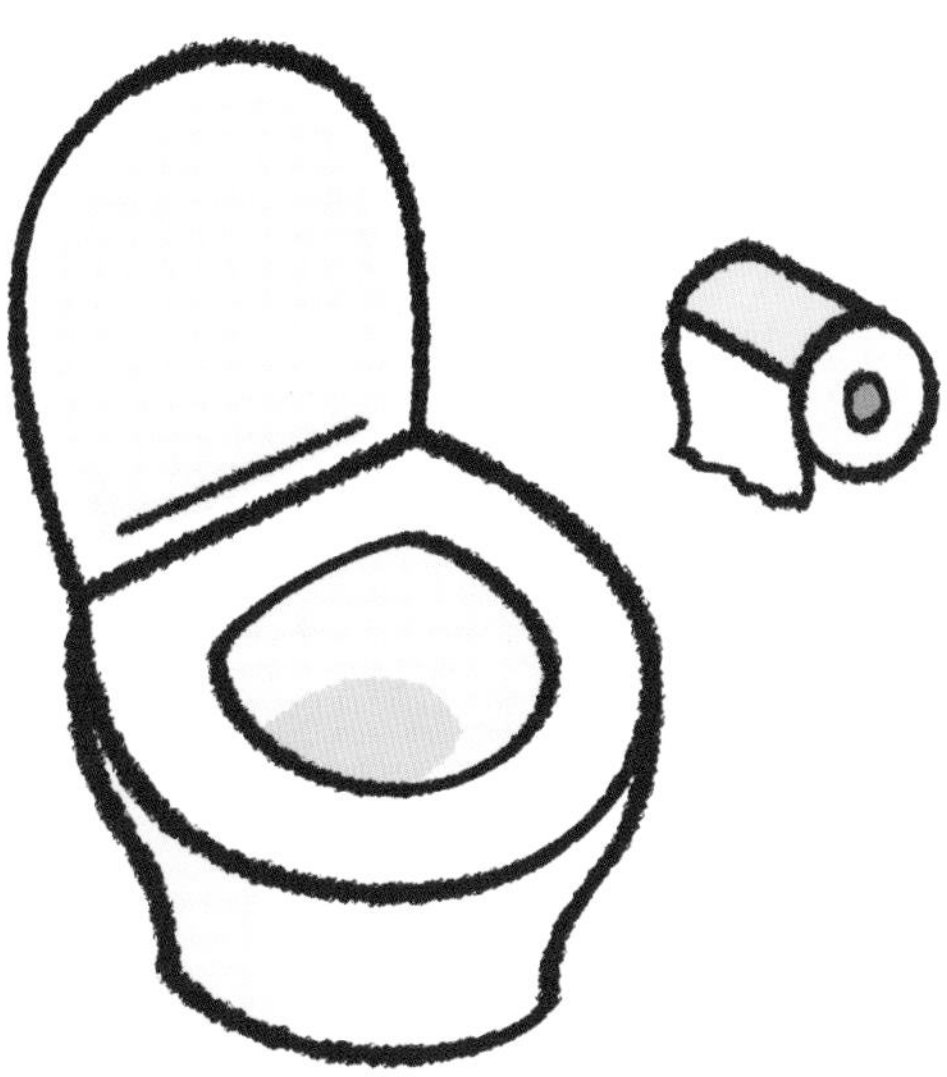

トイレ

コピーをする際には、こちらの文字が見えるようにしっかりと開いてご利用ください。

②時計

⬇参照 P.50

Q17 気持ちをコントロールできるようにするには？

A 落ち着いているときに、我慢したり、友達の気持ちに気付いたりできる機会をつくって

〈作り方〉

①カラーコピーをして厚紙に貼り、形に沿って切る（または、ラミネート加工をする）。

②長針、短針、時計の中央に穴をあけて重ね、割りピンで留める。

〈使い方〉

時計の針を動かして、今の活動がいつまでかを示す。

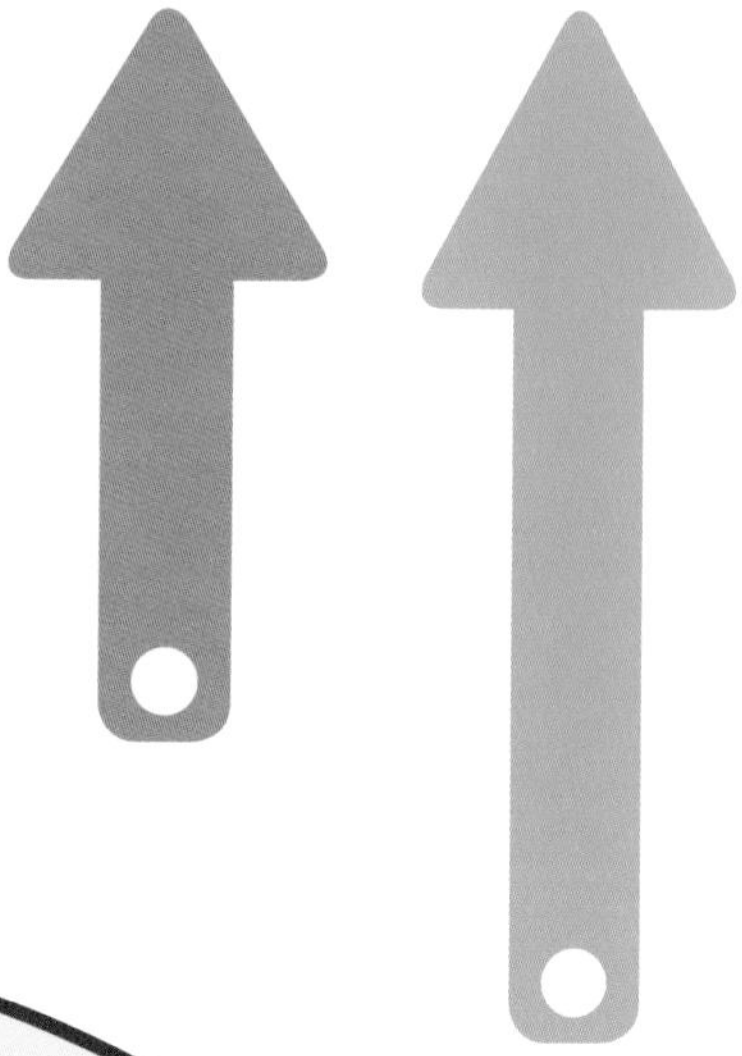

コピーをする際には、こちらの文字が見えるようにしっかりと開いてご利用ください。

③じゃんけんカード

↓参照 P.72

Q28 じゃんけんのたび、ルールに従わず、トラブルに…

A ルールが分からないのか、負けたくないのか。理由をしっかり見極めて対処しましょう

〈作り方〉

カラーコピーをして厚紙に貼り、形に沿って切る（または、ラミネート加工をする）。

〈使い方〉

①石とはさみなど二つずつ見せ、どちらが強いかを見せる。

②グーチョキパーに置き換える。

石

グー

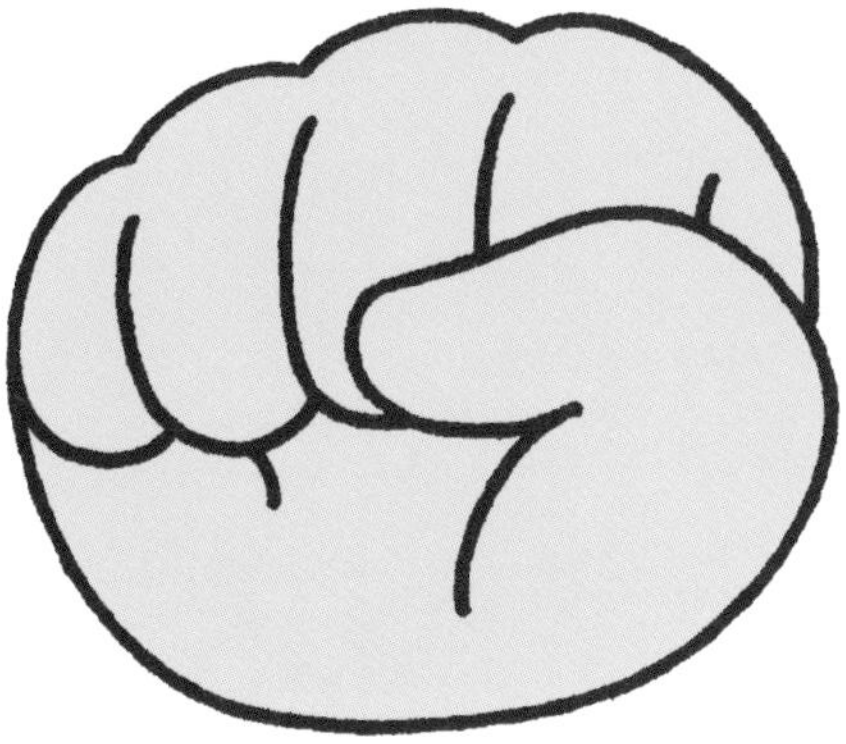

はさみ

チョキ

紙

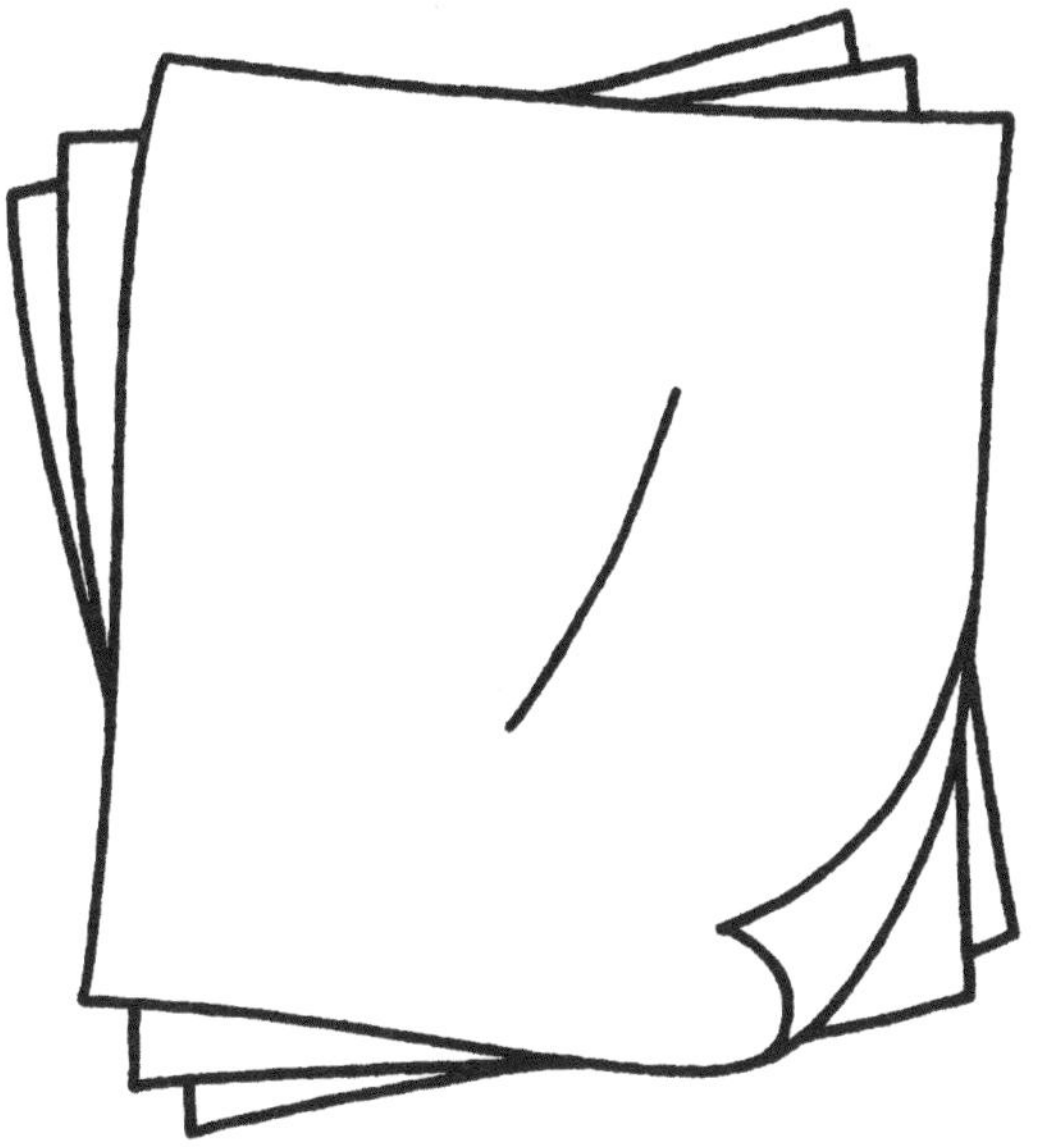

パー

コピーをする際には、こちらの文字が見えるようにしっかりと開いてご利用ください。

④一番ワッペン・一番ペンダント

↓参照 P.78

Q31 いつでも一番にこだわる子がいて困っています

A　一番になれる場面を可視化して、順番を我慢できた子どもを褒めましょう

〈作り方〉

①カラーコピーをして厚紙に貼り、形に沿って切る(または、ラミネート加工をする)。

②ワッペンにはクリップを付け、ペンダントにはリボンを付ける。

〈使い方〉

今日の一番の子どもに、ワッペンやペンダントを着けて、一番を知らせる。

じゅんばん…
→Yくん
Aちゃん
Mちゃん
Sくん
帰りの会
パチ
パチ
順番守れたね
偉いね!

⑤声のものさし

↓参照 P.80

Q32 「おはよう」もうるさい? 耳を塞いで動かない…

A　聴覚過敏を認めてあげることから

〈作り方〉

①カラーコピーをする(必要に応じて拡大する)。

②ラミネート加工をし、子どもが見やすい所に貼る。

〈使い方〉

①声の大きさの6段階を、見本を見せながら説明する。

②それぞれの場面の際に、「今は隣の人と『2』の大きさで話すよ」などと伝える。

コピーをする際には、こちらの文字が見えるようにしっかりと開いてご利用ください。

5 えんてい で

4 くらす ぜんたい に

3 ぐるーぷ で

2 となり の ひと と

1 ひそひそばなし

0 こころ の なか

コピーをする際には、こちらの文字が見えるようにしっかりと開いてご利用ください。

⑥ステップアップ表

⬇参照 P.98

Q44 みんなの前でも、声が出せるように

A 話せるまでのステップアップ表を一緒に作って、一段ずつ挑戦していきましょう

〈作り方〉

カラーコピーをして厚紙に貼る(または、色画用紙にコピーをしたり、ラミネート加工をしたりする)。

〈使い方〉

①子どものストレスが低い順に、子どもと項目を決めて書く。

②一番下から、できたときに「○」を付ける。

⑥ステップアップ表

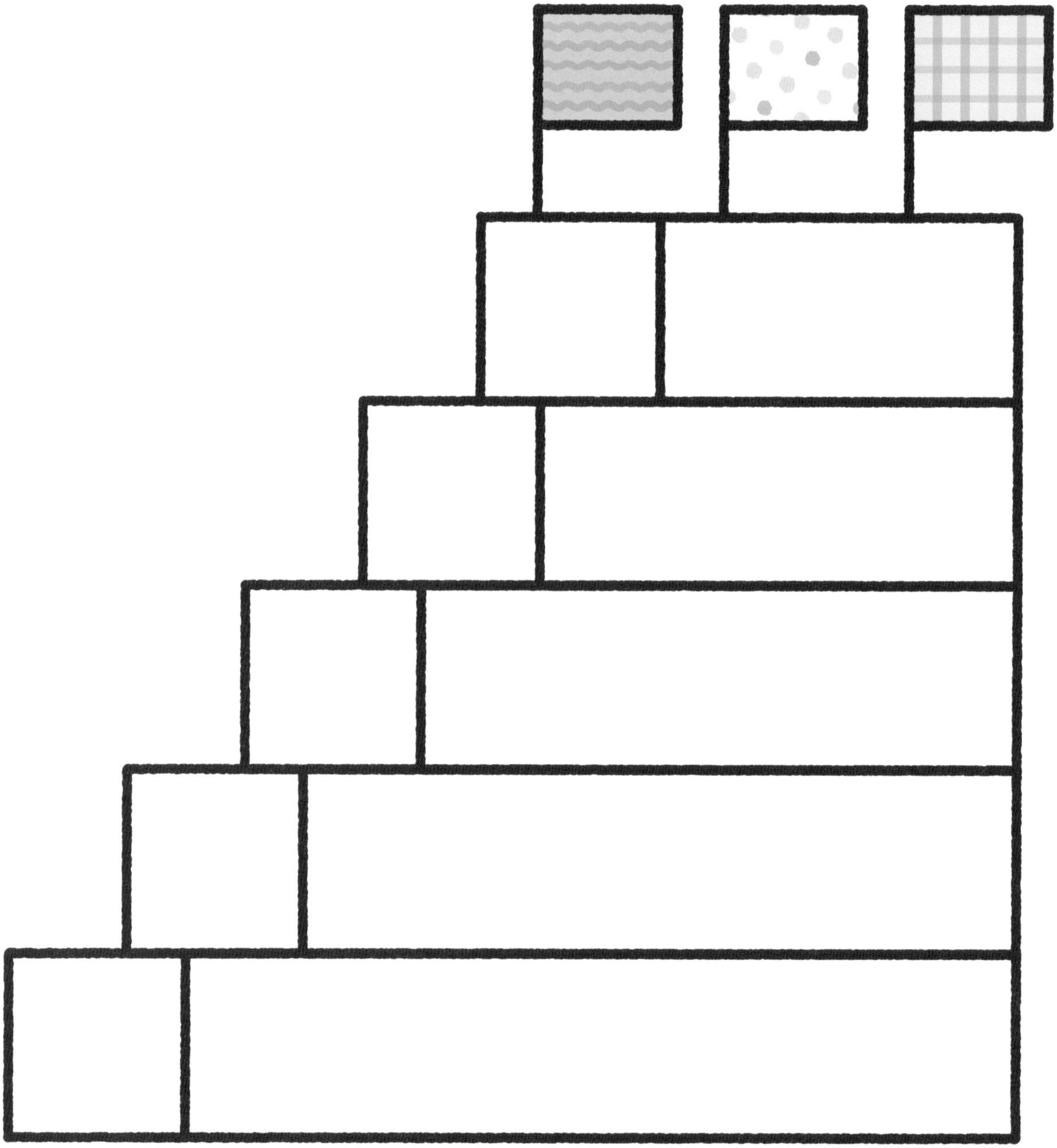

コピーをする際には、こちらの文字が見えるようにしっかりと開いてご利用ください。

子ども理解から援助へ

気になる子の保育Q&A46

著者
公認心理師
臨床心理士
幼稚園・保育園スーパーバイザー
若林千種

はじめに

〝気になる子〟のテーマは、様々な所で多くの講師が講演しており、私もその一人です。

本書でも、実際に「やってみたい」と「できること」を大切にしながら、できるだけ多くの〝気になる子〟の事例や、関わり方をお伝えしています。「いるいるうちの園にも」という事例を取り上げていますが、〝気になる子〟はとても個性的。実際、同じ診断名でも全く違うように思えるのではないでしょうか？　一人として同じ子どもも保護者もいません。

本書でお悩みが即解決、というわけにはいきませんが、解決へ導くヒントになるのではと自負しています。より多くのヒントを得て、個々の環境を考慮し、目の前の子どもや保護者への対応をアレンジされることを期待しています。何よりも今、その子を一番知り大切に思っているのは、保育者あなた自身なのですから。

若林千種

こんな悩みを本書で解決!!

気になる子の保育では、保育者も不安と戸惑いを感じるかと思います。子どもへの関わり方のお悩み、保護者への関わり方のお悩み。そのようなお悩みに、若林先生が一緒に考え、解決のヒントを紹介します。

気になる子への悩み

気になる子の多いクラスの担任になっちゃった

O先生の言うことは聞くのに…

気になる子が多くて大変という5歳児クラスの担任をすることになってしまいました。大変なクラスということで、25名を私と年中から持ち上がりのO先生の二人で担任します。O先生の言うことは聞くのに、私が話すと歩き回ったり、おしゃべりしたり、保育室からの脱出もあったりの状態です。もうどうしていいか分かりません。助けてください。

保護者への悩み

保護者と一緒にKちゃんに合った支援がしたい!!

発達支援センターでの専門の相談を提案しても…

4歳児のKちゃんは、すぐに手が出たり、思いどおりにならないと暴れたり、友達と関わることも苦手だったり…と、いろいろな面で手を掛けてあげたい子どもです。この状態が一時的なもので単に見守っていけば良いのか、何か診断がつくような発達障害で特別なケアを受けたほうが良いのかは、分かっていません。そこで、保護者に「一度、発達支援センターで相談してみては?」と提案したいのですが、以前、他の保護者に「一度、検査をしてみては?」と提案したとき、「うちの子は、障害なんかじゃない!」と怒られてしまったことがありました。

私としては、検査して何か分かれば、それに合わせた関わりができると思うのですが…。今の状態では、Kちゃんに合った関わりが十分にできている気がしません。保護者にも、Kちゃんの状態を理解してもらいつつ、Kちゃんに楽しい園生活を送ってもらいたいのです。どうすれば良いのでしょうか?

本書の特長

本書で解決!

子どもの理解を深め 援助の仕方が分かる! 46事例

若林先生より 視点を変えてスパイラルを変更しましょう!

あらあら本当に大変そうですね。ご相談内容から推察するとこんな感じでしょうか?

①担任になりたくなかったな…。

②持ち上がりの先生みたいにはなれないよ!

③もうダメ~!

先生の心、マイナスのスパイラルに入っていませんか? このままだと苦しい状態から抜け出すことが難しいと思います。少し視点を変えてみませんか?

①この経験は、通常の研修以上の学びにつながる→タダですごい研修ができる。

②○先生と子どもたちとの信頼関係は一年間の蓄積がある→卒園までに関係ができればいい。焦りは禁物。

③ダメ~→でも相談のSOSを出したのは、この状況を打破したいという前向きな心の表れ。

人の気持ちは口に出さずとも伝わってしまうものです。苦手と思っている人からは、苦手に思われているという経験はありませんか? そこから抜け出すためには、まず一人ずつの良いところ探しから始めましょう。「ない!」という言葉が聞こえてきそうですが、どんなささいなことでもいいのです。もしなければ、つくるくらいの気持ちでいきましょう。

プラスのスパイラルに変更できれば、必ず見つけることができます。双方共に『出会えて良かった』『別れ難い卒園』となるよう応援しています。

お悩みQ&A

一人ひとり異なる子どもたち。気になる子へのお悩みに若林先生がお応えします。

若林先生より 保護者は大丈夫だと思いたい!

先生の一生懸命なお気持ちは分かります。でもね。もしかして何かあるかもと思っても、うちの子に限っては大丈夫! と信じたいのが親心です。

先生の以前の一言、「一度、検査してみては?」という勧め方はどうだったでしょうか? 保護者には、「お子さんには、障害がありますよ」というふうに解釈されたのではないでしょうか?

今回は少し言い方を変えてみませんか? 日頃からKちゃんの様子を伝えていますか? 伝えていなかったならば、まず、伝えるところから。伝えていたのなら、「きっとKちゃんのしていることには、Kちゃんなりの理由がいろいろあると思います。Kちゃんのこと、もっともっと知りたいので、専門機関に相談に行ってみませんか?」と言ったほうが受け入れやすいと思いますが、いかがでしょうか?

大切なことは、「Kちゃんに障害があるか否かを知りたいのではなく、今よりもより良い対応が知りたい」「保護者と一緒にケアしたい」ということを伝えることができるかだと思います。先生の思いを表現していきましょう。

保護者に伝えよう!

保護者と一緒に子どもをケアしたい。どのように関わればいいの? そんなお悩みにも若林先生がお応えします。

もくじ

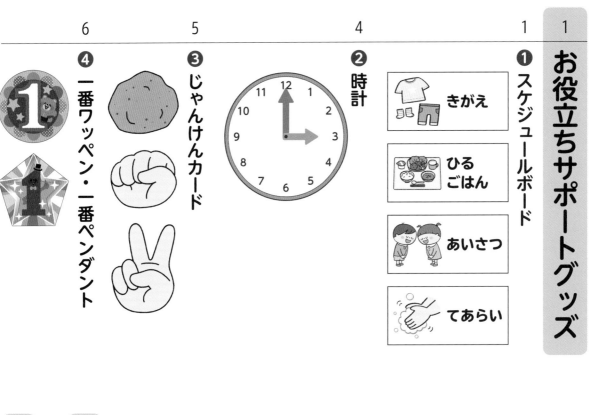

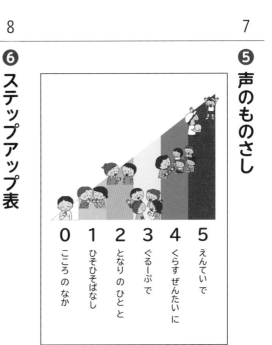

第1章 子ども自身 19

保護者のお悩み

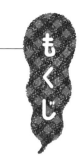

もくじ

保育者のお悩み

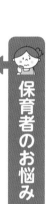

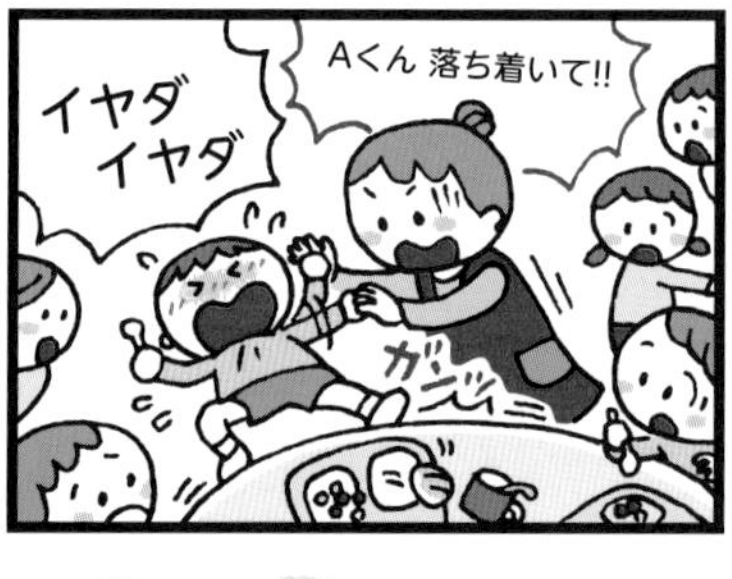

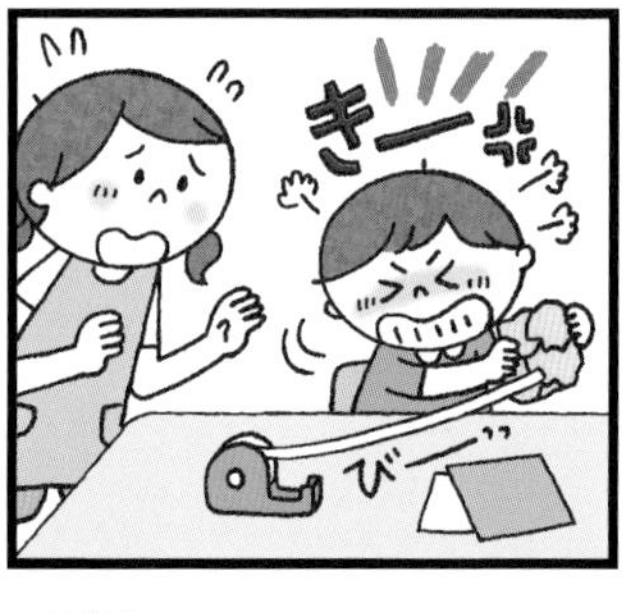

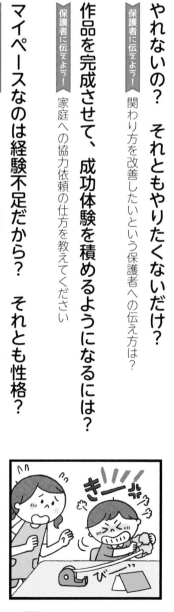

ガチ

わからない！
やりたくない！
あ…

もくじ

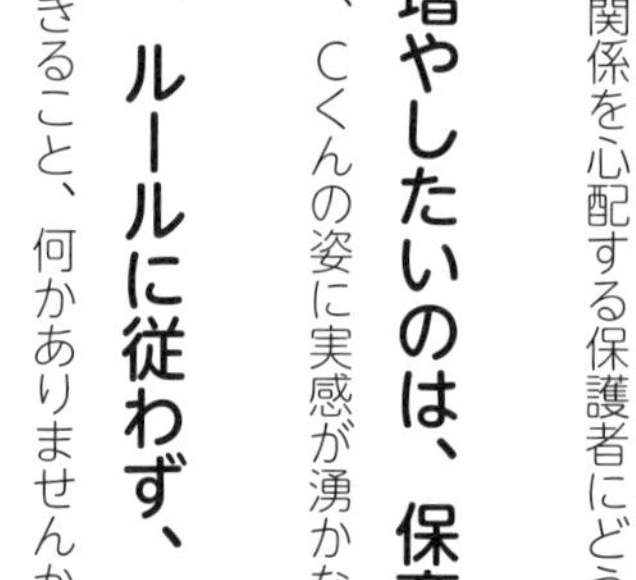

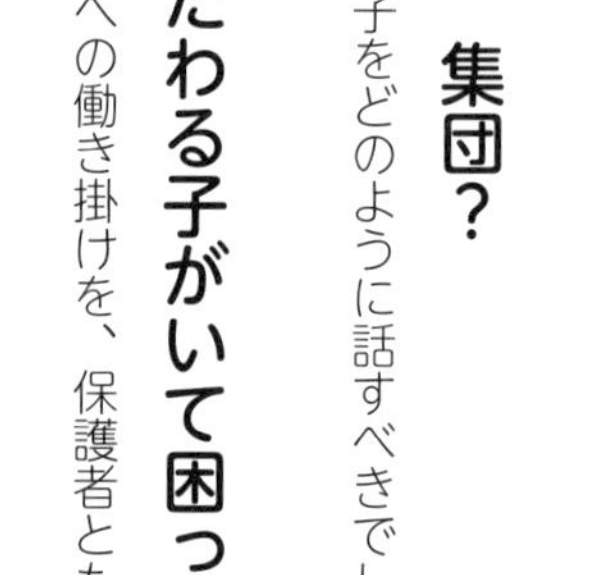

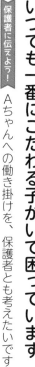

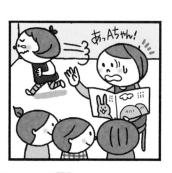

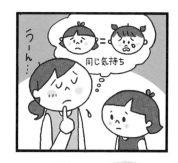

Tくんだけズルい！
むかっ

なんで〜〜？
きのう
ごめんなさい
わー!!
びくっ

もくじ

保育者のお悩み

第1章
子ども自身

一人ひとり異なる子どもたち。
保育者は、どのように関わればいいの？
気になる子の様子やその背景を見ながら、
そのようなお悩みにお応えします。

1歳児
Sちゃん

通じた気がしない

保育者のお悩み

Q1 うまくコミュニケーションを取るには、どうすればいい？

1歳児のSちゃんは、なかなか視線を合わせてくれません。そのためか、コミュニケーションが取れていないように感じてしまいます。しかし、わざと視線を外している様子ではなく、どこを見ているのか分からないような感じです。様々な場所の何かを見ているのか、視線が泳いでいます。また、名前を呼んでも、一緒に遊びたいと思っても反応を示しません。他の友達が楽しそうにしているのを見ることもありません。聴覚に異常はないとのことでした。

Sちゃんと楽しく関わって、しっかりとコミュニケーションが取れるようになりたいのですが、どのようにしたら良いのでしょうか？

また、人への興味や関心が薄いのではないかとも思っています。保護者に気付いてもらうためには、どのような受け入れとアプローチをすると良いのでしょうか？　教えてください。

若林先生より

A 人（保育者）に興味や関心をもてるようにしましょう

Sちゃんは、視線が合わないということだけでなく、人と関わるということにも興味や関心がないとのこと。もしかしたら、遊ぶときもひとり遊びが多いのではないでしょうか？

この場合、無理に視線を合わせるようにしたり、一緒に遊ぼうとしたりすることは、時に逆効果になってしまうこともあります。まずは、保育者からSちゃんと一緒に遊んでみたり視線を合わせてみたりして、拒否がないかを確認してみましょう。もし、拒否がない場合は、積極的に関わりをもっていきましょう。ただし、拒否はなくとも、うまく遊べないと思ったり関わりにくいと感じたりしたら、Sちゃんのしている遊び、もしくは行動を同じようにまねしてみましょう。発している言葉や、言葉がない場合は発している音を、まねしてみましょう。時には、保育者自身が楽しそうに遊んでみるのも良いでしょう。少しでも保育者に気付いてくれたり、保育者の遊びに興味をもってくれたりすれば、初めのステップは、成功です。Sちゃんの様子や思いを保育者がそのときの状況に合わせて、代わりに言葉にしていきましょう。

例えば、机を積み木でたたいていれば「トントン」、表情が柔らかければ「楽しいね」などです。これらは、Sちゃんの表情や行動を見ながら行なうことが大切です。すぐには、気付いてくれなくても諦めないでくださいね。まずは、人に興味や関心をもってもらうことです。相互のコミュニケーションがうまく取れるようになると、笑顔が増えます。保育者の笑顔は、Sちゃんの意識を保育者に向けることにつながります。

保護者に伝えよう！

保育者のお悩み

Q 保護者にSちゃんの課題を受け入れてもらうには…

Sちゃんの保護者は、「視覚・聴覚に異常がないので、大丈夫です」と、あまり心配されていません。むしろ、「泣かなくて手の掛からない子ですよね？」と。

Sちゃんの課題や、一緒に取り組んでほしいことを、どう伝えれば受け入れてもらえるのでしょうか？

若林先生より

A 保護者の本当の思いを探ってみましょう

保護者は、本当に心配されていないのでしょうか？　大丈夫！　と思いたい気持ちは、どの保護者にもよくあることです。まずは、保護者の気持ちがどこにあるのかを知ることから始めましょう。1歳半健診の情報をもらうことも一つの方法だと思います。保育参観で他の子どもの様子を見てもらうことも参考になると思います。

Sちゃんに問題があるというスタンスでなく、保護者にもっともっとSちゃんのかわいさと一緒に遊んで楽しいという思いが伝えられるように、Sちゃんの笑顔を保護者と共有できると良いですね。園でSちゃんと楽しく関われたことを伝えてみましょう。

2歳児
Kくん

同じフレーズを言い続ける子ども

保育者のお悩み
Q2 楽しそうだけど、友達と一緒に楽しめない。どうすればいい？

2歳児のKくんは、集団活動が苦手です。自分の世界で遊ぶことを好み、印象に残っているアニメや本のフレーズを、楽しそうに繰り返し言い続けています。自分の世界に浸ることが好きな性格だと考えれば、そっと見守っていても良いように思います。

しかし、その独り言はかなり長い時間続きます。終わったときに「Kくん!」と呼び掛けて、話そうとすると、また繰り返し始めます。話したり誘ったりするときは、Kくんの顔を見るようにしていますが、なかなか視線が合わず、伝わったという感じが受けにくい状態です。

友達が話し掛けても同じ様子で、コミュニケーションが取れません。今後、Kくんが独りぼっちになってしまわないか、他児が気にしないかと心配です。今後の成長に向けて、どのように対応していけば良いか教えてください。

若林先生より

A Kくんの世界を理解し、一対一の関係を築きましょう

Kくんが発する言葉はコミュニケーションツールではありませんが、Kくんには意味のあることで、楽しい時間です。集団活動も苦手というより、自分の世界にいることが一番好きで安心なのだと思います。今の状況で、無理に集団活動の中に入れることは、むしろ拒否感を強めKくんの安定を壊すことになるかもしれません。Kくんが安心して、コミュニケーションが取れるようになるために、Kくんの世界を理解することから始めましょう。

まずは、保育者との一対一の関係を築くことです。一人の保育者と関係が築けるようになったら、次は別の保育者へとKくんと良い関係が築ける大人の数を増やしていきましょう。子どもの集団に入れるのはそれからと考えましょう。そのためのステップとして、

①Kくんが好んで口にする本やアニメを保育者も読み込む。

②保育者もKくんの発しているフレーズを一緒に言ってみる。そのとき、何げなく本やアニメのその場面を見せることも有効です。

③Kくんが保育者の発しているフレーズや、見せている本やアニメに気付いたら、「うれしいね」「かっこいいね」「おもしろいね」など保育者が感じたことを伝える。もし、見てくれない場合は、少しだけ、視線を合わせるようにしてみましょう。

ステップは順番通り、順調に進んでいくわけではありません。進んでいたのに、戻ってしまうことがあるかもしれません。それでも、根気良く続けることで、保育者との関係を築くことができます。焦らずに進めていくことが、必ず、3歳児・4歳児・5歳児への成長につながるでしょう。

保護者に伝えよう!

保育者のお悩み

Q Kくんの状況を理解してもらいたい

Kくんの保護者はKくんの状況を全く気にしていない様子です。そのような保護者に心配を掛けたくないのですが、Kくんのためを思うと、保護者の理解も得たいと考えています。できるだけ負担を掛けずに、Kくんの状況に耳を傾けてもらえる伝え方を教えてください。

若林先生より

A 保護者自身、気掛かりに気付いてもらいましょう

保護者はKくんのことがすごくかわいいのだと思います。なので、楽しそうにしていれば良いと思っていることはごくしぜんなことです。でも、どこかでコミュニケーションの取りにくさや同じフレーズを言い続けていることには気付いていると思います。

園での様子を伝えて、家庭での会話の状況を確認してみてはいかがでしょうか？　家でもKくんと話が通じにくいというようなことが分かれば、園での取り組みを提案してみましょう。

大切なのは、園での心配や困り事を伝えるのではなく、保護者が気になっていることから取り組んでいくことです。少しでも良い変化があれば伝え、保護者にも安心してもらえることが、保護者との関係づくりには大事なことです。

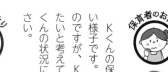

2歳児
○くん

視線が
合わないけど…

保育者のお悩み

Q3 私の声、聞こえてる? 視線を合わせない○くん…どうしたら見てくれる…?

2歳児の○くんは、視線が全く合いません。

一対一で話そうとしても違う所を見ていますし、「私の目を見て」と言っても見てくれません。

よく観察していると、担任の私だけでなく、他の保育者でも、子ども同士でも合わないようです。でも、急に「にこーっ」と視線を向けて笑うときがあるので、「なぜかな?」と考えてしまいます。

視線が合わないことが多いので、コミュニケーションが取りにくく、「一緒に遊ぼう」「車いいね。ブーブー」「積み木のトンネルくぐりま～す」と言っても、視線が合わず、反応も返ってこないので、伝わった感がなく「私の話、分かってる?」と思って不安になります。

若林先生より

A 視線がしぜんに合うような状況をつくっていきましょう

「目は口ほどに物を言う」ということわざがありますが、私たちは言葉以外の情報やコミュニケーションの多くを、視線を合わせたりそらせたりすることで得ています。

ですから、視線が合わないことで「伝わった感を受けない」という先生のお気持ちには納得です。

たまに視線が合って「にこーっ」とされるとのことでしたが、もしかしたら先生が合ったと思っているだけかもしれません。

相手の鼻の部分を見ていても視線が合った感じにも見えるのです。

視線を合わせることは私たちにとってはしぜんなコミュニケーション手段の一つですが、○くんには怖く感じたり注目が苦手だったりするように思います。

○くんにとって大切なことは、視線だけにこだわり、無理やり合わせることではなく、人に興味や関心をもってもらうことを意識し、しぜんに視線が合うような状況をつくることです。

例えば、ビニールトンネルの中で○くんと出会うようにしてみたり、この年齢の子どもが大好きな筒状の手作り玩具（紙管に鮮やかなマスキングテープやキラキラシールを貼って飾ったもの）で、○くんの顔をのぞきながら名前を呼んでみたりするのも良いでしょう。○くんが興味をもって、紙管をのぞいてくれることで、目が合いやすくなります。保育者同士や他の子どもと楽しむことも良いでしょう。視線を向ける位置を少し制限してみましょう。ただし、一番は、保育者や他の子どもに視線が向き、関わりたいと思うような働き掛けです。

保護者に伝えよう！

保育者のお悩み

Q 保護者にも伝えたほうがいいのでしょうか？

まだ2歳児なので、保護者にも伝えず、このまま様子を見ていて良いのでしょうか？　伝えても、伝えなかったとしても、もし、今、園でできる関わり方があるなら、ぜひ教えてください。

若林先生より

A まずは、家庭の状況を聞いてみましょう

保護者には、家庭での様子を具体的に聞いてみましょう。例えば、○くんと呼んだときや物が欲しいときの様子、公園での遊びやお買い物での視線、食事での「待ってて」や「おいしい」ということばがけへの反応など、日常の情報を集めてみましょう。その結果、園と同じ傾向が見られたら、園での取り組みや、○くんと楽しんだ遊びを紹介していくようにしましょう。また、もし園と様子が違っていた場合は、園での環境が○くんに緊張を強いている可能性を考えていく必要があります。

どのような状況であれ、「視線が合わないのですが、ご家庭ではいかがですか？」といった直球勝負の確認の仕方だけはしないようにしてくださいね。

3歳児
Yちゃん

片付けが
進まなくて…

保育者のお悩み
Q 4

興味の対象が次から次へと移り、片付けられない

3歳児のYちゃんは好奇心旺盛。興味の赴くまま遊びが転々とするので、片付けをせずにどんどん次へと移っていきます。玩具はもちろん、お道具箱の中身も出しっぱなし。その都度、繰り返し声を掛け、一緒に片付けてきました。「片付けなくてはいけない」こと自体は分かってきたようですが、まだまだ自分一人で片付けられません。

特に難しいのは、お弁当の後片付けです。Yちゃんは、食べ終わった後、片付けるまでにかなりの時間が掛かってしまいます。そのうち、他の友達が片付けを終えて遊び始めるので、それが気になって仕方がなくなり、ますます手が遅くなるという感じです。先に食べ終わっていたのに片付けは最後、ということも多々あります。こんなYちゃんが、少しでも早く、自分一人で片付けられる方法があれば教えてください。

若林先生より

A 「集中して遊びを楽しむ」方向に導くことで、片付けに対するストレスを軽減できるはず

3歳児の片付けは、なかなか難しいですね。幼稚園であれば入園1年目の時期です。初めての集団生活で慣れないことも多いでしょう。Yちゃんの片付けられない原因は、他の遊びを転々とするから、だけではないような気がします。もともとYちゃん自身、落ち着かなかったり、集中が続かなかったりするのではないでしょうか？

そんなYちゃんには、〝片付け〟だけに注目して対処する方法は向いていないように思います。そこで、片付けの前段階の〝遊び〟や〝作業〟にも視線を向けてみましょう。まず、Yちゃんに遊びを幾つか選んでもらいましょう。その中から、やりたい順番を決め、特に遊びたい一つ、あるいは二つのことに絞っていきます。

保育者はYちゃんが選んだ遊びに興味や関心を示し、タイミングを図りながら一緒に遊び、寄り添っていきます。その際、「Yちゃんの選んだ遊び、楽しそうだね」というように、期待がもてることばがけをしましょう。更に、Yちゃんの興味が他のことに移りそうになったら、遊んでいることについて問い掛けてみましょう。

もちろん、笑顔を忘れないようにしてくださいね。そうすればYちゃんも、次第にその遊びに集中していくはずです。

集中して遊びを楽しめるようになれば、それだけ片付ける頻度や量が少なくなります。片付けを指摘されることが減り、Yちゃんのストレスも軽減されるはずです。注意する保育者の負担も減りますね。

お弁当についても、食べ終わった後で遊ぶ内容を先に選んでおくといいですよ。食べ終えそうな頃合いで、さっきYちゃんが選んだ遊びを伝えてみましょう。自分の選んだ遊びなので関心も高く、スムーズな片付けにつながると思います。

保護者に伝えよう！

保育者のお悩み

Q 片付けを習慣化できるよう、家庭でも協力してほしい

保護者の話を聞くと、Yちゃんは家でも片付けができていないといいます。しかし、「まだ小さいから」という理由で、保護者が片付けてしまっているようです。園だけでは片付けの習慣化は難しいので、保護者とも連携していきたいのですが、どのように伝えれば良いでしょうか？

若林先生より

A 相手が気持ち良く話せるよう、コミュニケーションに工夫を

保護者に「片付けさせてほしい」と直球勝負を挑むのは避けましょう。「とても興味深い、発展的な遊び方をしますよ」と好奇心旺盛なYちゃんの様子を伝えた上で、「すぐに他の遊びに移るのはもったいないとも思うので、少し長めに一緒に関わって遊んでみることにしました」や、「よく遊び込んだ後は、満足するのか、片付けがスムーズにできます」、「おうちでも、Yちゃんと一緒に次の遊びを確認しながら、片付けを楽しんでみませんか？」などの言葉を掛けてみましょう。

子どもの家庭での様子を確認したいときは、相手が気持ち良く話せるようなコミュニケーションの取り方が大切です。保護者とのコミュニケーションを楽しむつもりで、工夫してみましょう。

3歳児
Iちゃん

砂を食べようとする子どもに…

保育者のお悩み Q5

十分に砂遊びをできるようにするには？

3歳児のIちゃんは、とにかく砂が大好きです。毎日砂場で、砂を掘ったり、自分の足に掛けたり、型に入れたりして遊んでいます。それが、最近、砂を食べようとするようになってしまいました。ごっこ遊びはしておらず、ごっこ遊びの中でよくある、食べ物に見立てた〝食べたつもり〟や〝ウソ食べ〟ということでもありません。

食べようとするしぐさを見るたびに「食べないよ」と伝えて止めているのですが、止めると手足をバタバタさせて怒り、どうにかしてでも砂を食べようとします。

砂を口にすることなく、Iちゃんが好きな砂場遊びを十分にさせてあげたいと思っています。どのような工夫をしてあげれば良いのでしょうか？

若林先生より

A 砂場で熱中できる楽しみ方を見つけてあげましょう

Iちゃんは〝砂は食べるものではない〟〝食べてはいけない〟ということが理解できていなかったり、食感や舌触りなどの感じ方が弱かったりするのかもしれません。だから、かんだときの感触や舌触り、冷たさなどが気持ち良いのに、「食べないよ」と禁止する保育者の言葉や制止が受け入れられず、かんしゃくにつながるのでしょう。

最近、繰り返されているということを考えると、この状況を早く収束させることが一番大切なことです。相互に受けるストレスを軽減させたいですね。幾つか対応を考えてみましょう。

①しばらく砂場で遊ばないようにする。

保育者の本意ではないことは理解した上で、Iちゃんや保育者を守るために必要なことと考えます。この場合の重要なことは、他の楽しい遊びの提供です。そのために、Iちゃんの行動観察をし、好きな遊びを見つけてあげましょう。

②砂場での楽しい遊びの展開を考える。

「食べないよ」と禁止の言葉を掛けるのではなく、口に手が動く前に止めましょう。手が動いたときに、カラフルなシャベル（スコップ）やバケツを持たせてあげるのもいいかもしれません。保育者が山や団子をたくさん作ってIちゃんが踏み潰す役になるのも良いでしょう。山作りは、他の子どもも楽しむことができるので、誘って仲間入りできるように試みてみましょう。もちろん、団子作りでもです。

大切なことは、砂を口に運んでしまう時間がないような楽しみを考えてあげることです。それでも、時には砂が口にいくことがあると思いますが、そのときは、そっとその手を包んで「おしまい」と下ろしてあげましょう。

Iちゃんをよく知っている保育者なら、もっといろいろ考えられることでしょう。保育者やIちゃんの状況に一番合う方法で試してみてください。

保護者に伝えよう！

保育者のお悩み

Q 心配されている保護者への伝え方は？

Iちゃんの保護者は、Iちゃんが第一子であることもあり、園での様子をとても心配されています。お迎え時などに話をすると、とても心配している様子が伝わってきます。そんな保護者に砂を食べてしまったことを、どのように伝えたら良いでしょうか？

若林先生より

A 保護者の心配事を探り、関連づけて伝えてみましょう

第一子の場合、子育て全てが初めてで心配事だらけです。特に、Iちゃんの保護者は、園での様子を〝とても心配〟されているようですが、どのようなことを心配されているのでしょう？　砂を食べるということを伝える前に、保護者が心配している内容を確認していきましょう。その中で、もしかすると、離乳食がうまく進まなかったことや偏食の悩みなど、砂食べにつながるようなエピソードがあるかもしれません。あればそれに関連させて伝えるといいでしょう。

また、「園で砂遊びのとき、砂を口に入れようとしますが、家や公園では、食べ物以外の物を口にすることはありませんか？」という確認も良いでしょう。もしかすると、保護者の心配とも関係してくるかもしれません。

3歳児
Kくん

危険な行動を
止めるには

保育者のお悩み

Q6 危険な行動が、いつか大けがにつながりそうで…

Kくんは、0歳児の頃から体を動かすことが大好き。少し目を離すとはいはいで保育室の外に行こうとする、元気の良い男の子でした。

3歳児になった今、行動範囲が広くなりました。得意げに高くて幅の狭い所を歩いたり、テーブルの上にのったり、滑り台の上から立ったまま降りようとしたりと、いつもハラハラしています。気になる物があると、すぐ外に飛び出して行ってしまうのも悩みです。保護者からも「スーパーでレジによじ登ったり、カートの中で立ったりして、買い物も落ち着いてできない。どうしたらいいか分からない」と打ち明けられています。

いずれ大きなけがをするのではと思うと、とても心配で、毎日が緊張の連続です。Kくんが落ち着いて行動できるようになるためには、どう対応すればいいでしょうか？

若林先生より

A 行動の危険レベルに沿って環境を見直し、適切なことばがけを考えましょう

Kくんを危険から守るため、日々神経を張り詰めていることと思います。しかし、そんな保育者の気苦労を、Kくん当人は全く意識していません。そこが今回の悩みどころですね。端から見ていると、Kくんは元気で活発な男の子に映るのでしょう。しかし、その突発的で危険な行動は、いずれ大きな事故につながりかねません。Kくんにとって、刺激的な行動は自慢になるのかもしれませんが、その一方で危険意識が薄いのが心配ですね。3歳という年齢を考えると、今後はもっと危険な行為が予想されます。Kくんの安全のためにも、今しっかりと対応策を考えていくことが大切です。

まず、Kくんの行動を大きく3つのレベルに分け、それぞれの関わり方を考えてみましょう。

①絶対に止めたい危険が伴う行動
②できれば止めたい行動
③続けてほしい行動

①の絶対に止めたい行動については、環境の設定を見直します。Kくんが行動を起こせないように危険な場所を遮ったり、いざ行動しようとしたときにそれを躊躇するような工夫をしたりしてみましょう。例えば、高くて幅の狭い場所には、ギザギザ・ボコボコした素材を付けて簡単に登れないようにしたり、「危険」を意識させるように黄色いテープを貼ったりします。②の行動であれば、Kくん自身が危険を意識できるようなことばがけをしましょう。Kくんが行動を躊躇することができたら、③の行動につなげられるように大いに褒めることも大切です。これを繰り返しましょう。

Kくんの行動の全てを注意・禁止にすると、園では何もできなくなり、ストレスだらけの生活になってしまいます。行動別に対策を考えてみましょう。

保護者に伝えよう！

保育者のお悩み

Q 我が子を叱れない保護者に協力してもらうには？

Kくんの保護者からも相談を受けています。我が子のやんちゃぶりに手を焼いているようですが、叱ることもできずオロオロしている印象を受けます。保護者とも一緒に改善を目指したいです。どのように協力し合えばいいでしょうか？

若林先生より

A 園での対策を参考にして、具体的に提案してみましょう

保護者もKくんの行動には困っている様子。園で実践している行動のレベル分けの方法や、それぞれの対応を伝え、家庭での協力をお願いしてみましょう。

例えば、スーパーのレジに登るのを阻止するため、しっかりと手をつないでおくといいでしょう。カートの上に立たないよう、そもそもカートを使わないという対策も効果的です。スーパー内を走り回らないようにするため、Kくんにレジかごを持ってもらう提案はいかがでしょうか。その際、保護者には買い物が目的ではないことを伝えてください。「Kくんの行動を少しだけコントロールする練習が目的です。1個か2個、Kくんの好きな物もかごに入れてあげてください」と言えるといいですね。一度の成功が、保護者の自信にもつながるはずですよ。

3歳児
Hくん

食事の進め方・コミュニケーションの取り方を知りたい！

保育者のお悩み

Q7 先天性難聴のHくん。楽しく食事をするには？

3歳児の先天性難聴のHくん。聴力は、80dB程度でほとんど聞こえず反応がありません。歩行開始も3歳0か月と遅く、運動面、情緒面・認知面など、全体的にゆっくりな発達です。

最近は成長とともに、自己主張が強くなり、〝いや〟という行動表現が増えてきました。中でも顕著なのが、食事です。食べ物はほとんど口にせず、わざとこぼしたり、食具を投げたりします。家庭では、好きな物は口にするようなので、生命の維持という面での心配はありません。

これから、運動量も増え、体も大きくなっていく時期です。園でも、家庭でも、楽しく食事ができるようになるには、どうすれば良いのでしょうか？

また、Hくんにこちらの思いを伝えたり、彼の要求を把握したりするためのコミュニケーションの取り方のヒントもお願いします。

若林先生より

A 食事の拒否は自己主張の一つ。Hくん自身の理解を深めましょう

高度難聴で発達がゆっくりなHくんに、自己主張が出てきたということは、彼の成長とも考えられます。その中で、保育者の悩みは、〝食事での振る舞い〟とのことですが、これは、思いを伝えることのできないもどかしさを行動で発信しているのです。コミュニケーションの取り方も含め、Hくんを理解していくことが、解決のきっかけになるでしょう。まずは、Hくんに分かってもらうのではなく、Hくんを分かることです。

●Hくんにとって難しいこと

Hくんは高度難聴のため、言葉での表現などに幾つか限界があります。例えば①声を使い分ける（大きさ） ②聞こえの発達・声を聴き分ける ③気持ちの共有 ④まねっこ（音・言葉） ⑤言語の理解 ⑥発語 などです。

●Hくんへの対応

食べ物をこぼしたり、食具を投げたりしたとき、しないようにする対策は取りましたか？ 食べ物をこぼしそうになったら、止めて、少し怖い表情で首を横に振って伝えてみてください。投げそうになったときは、軽く手を押さえ同様に首を振り、「NO」のサインです。手を放しても投げなければ、満面の笑みでうなずきましょう。満面の笑みは絶対に忘れないでください。Hくんに、保育者が求めている行動を伝えることになります。

Hくんのことが理解できると、言葉以外の方法でコミュニケーションを取る方法が分かってきます。絵カードも有効ですが、良好な人間関係の構築が、相互理解の基本です。保育者の表情・動作・言葉、友達の存在がHくんの情緒の安定やいろいろな経験につながります。その中で人との関わりの楽しさをできるだけたくさん伝えていきましょう。きっとHくんなりの表現方法を発見してくれるでしょう。なぜ、食事がいやなのか、どうしてほしいのかも分かるようになります。

保護者に伝えよう！

保護者のお悩み

Q 偏食や食事中の振る舞いに困っておられます

Hくんの保護者は偏食を大変心配されています。日々Hくんと丁寧に関わられていますが、Hくんが突然食器を投げたり、今まで食べていた物を全く食べなくなったりするそうです。そんなHくんに対応していると、「時々逃げ出したくなる」とも言われます。保護者も一緒に支援できる方法を教えてください。

若林先生より

A 保護者の気持ちを理解し、関わり方を共有しましょう

保育者と保護者の大きな違いは、保育者は勤務時間が終われば、自身の生活に戻ることができますが、保護者には、終わりがありません。逃げ出したくなる気持ちも当然です。このことには、しっかり理解を示しましょう。その上で、保育者と一緒に、Hくんの意思表示の手段を見つけることを勧めてみましょう。保護者は保育のプロではありませんが、Hくんの一番の理解者です。上手なコミュニーション手段が見つかれば、保護者も楽になります。どうして良いか分からないから、つらいのです。保育者がHくんとの関わりの成功体験などを、保護者に伝えることが一番の保護者支援です。また、難聴児のための医療や療育についても情報交換をしていきましょう。

3歳児
Yくん

偏食が激しい
子ども

保育者のお悩み

Q8 好き嫌いじゃないの？なぜ食べないのか分からない…

3歳児のYくんは、偏食が激しいです。

野菜を全く食べようとしません。「好き嫌いかな？」「食べず嫌いかな？」などと考え、小さく切っておかずに混ぜてみても、カレーやシチューなど、野菜が溶け出しているメニューもダメです。

喜んで食べるのは、白ご飯だけです。

「おいしいよ」と誘って無理に食べさせようと口に入れると、涙をポロポロと流していやがります。

保護者にうかがうと、おうちでも同じ状態で困っているとのこと。体力がつき、体をつくる大事な時期なのに、このままでは栄養不足も心配です。

なぜ、食べないのでしょうか？

若林先生より

A 離乳食でも苦労した？食感や見た目、味の影響は？

食べられないお子さんについては、離乳食がうまく進まなかったという過去のエピソードが多く聞かれます。もしかしたら、Yくんの保護者も苦労されていたかもしれませんね。一度、確認してみると良いでしょう。

Yくんの場合には、様々な理由が考えられますが、小さくしても、溶けていてもダメということだと、食感や見た目(色)、味の影響が大きいと思います。

無理やり食べさせることはやめましょう。唯一食べることのできる白ご飯に混ぜることで、白ご飯さえも食べられなくなるという事態も起こり得ます。

野菜がダメなら、野菜以外の肉や魚で受け入れることのできる食感や見た目(色)、味を増やしていきましょう。野菜は、果物を主としたジュースやゼリーなど、冷たい物だと食べることができるかもしれません。凍らせてみることも試してみましょう。

Yくんからすると「食べさせられる」ではなく、「自分で食べられる」ようになることが必要です。そのためにはYくんが食べ物を手で持てるような形状にすることも有効でしょう。

野菜を食べなくとも、フライドポテトなら食べる子どもは少なくありません。無理やりではなく、様々に試して、少しでも食べることのできる物を増やしてみましょう。

そして、周りの大人もおいしそうに笑顔で同じ物を食べてみましょう。しぜんに手が出るような、自分で試してみたくなるような環境づくりも忘れずに、焦らずに。

食は家庭との連携が必要不可欠ということも忘れないようにしましょう。

3歳児
Aくん

泣きわめいて
大変！　さあ、
どうしよう…

保育者のお悩み

Q9 何がそんなにいやなの!? 「イヤダイヤダ」を打破したい！

3歳児のAくんが、毎日「イヤダイヤダ」と泣いて暴れて大変です。何がいやなのか分からないときも多くあり、Aくんが泣いたり暴れたりすると、他の子どもたちも落ち着かなくなり、「うるさ～い!!」と叫ぶ子どもも出て更に状況は悪化します。

私の叫びは、この状況「打破した～い!!」です。アドバイスください!!!

イヤダイヤダ
ふぇ～
どうしたの？
イヤダ
イヤダ
Aくん 落ち着いて!!
うるさーい！
イヤダ
イヤダ
打破した～い!!
先生～

若林先生より

A 泣き・わめきには必ず理由があります！

まず、よくよく観察してみましょう。きっとうまく表現できないことが多いAくんなのではないでしょうか？

観察の視点は、

①泣きの前後の状況（機嫌が良いか悪いか、遊びに熱中しているのか退屈しているのか　など）

②理由が分かるときと分からないときの違い（けんか、物を取られた、何かにぶつかった、など理由が分かるとき。単に暑い、眠いなどの生理的なものや、気に入らないなどといった子どもなりの理由はあるが保育者には分からないとき）

③泣き方や暴れ方（激しく泣いている、メソメソと泣いている、蹴っている、地団駄を踏んでいる　など）

④いつ・どんなときか（食事前、お昼寝前後、送迎時…一週間の流れ　など）

⑤何かを誰かに訴えている？　単に気に入らないことなどの発散？（ちらちらと保育者を意識している、涙は出ていない、誰に対しても関係なく「イヤダイヤダ」と言っている　など）

Aくんの先生ならもっと多くの視点が見つけられることと思います。泣き暴れに関係していそうな事柄が少しでも見えてきたら、しめたものです。泣いているときには言葉や対応が入らないですよね？　泣く前に対処していくことが一番！　少しでも原因が分かると対処しやすくなります。先手必勝です。

しっかり見て頑張って！

4歳児
Mちゃん

落ち着きがない
子どもには…

保育者のお悩み

Q10 不安からか、そわそわする子がいます…

　4歳児クラスに進級したばかりのMちゃん。3歳児のときから「落ち着きがなく、座っていられない」と引き継ぎで聞いています。4歳児になって、担任も保育室も変わったせいかもしれませんが、以前よりも落ち着きがなく、ずっとそわそわしています。

　Mちゃんが、新しい担任や保育室に早く慣れ、安心できるようにしてあげたいと思い、できるだけ一緒にいるようにしています。ただ、他の子どもたちも環境の変化に戸惑っているので、Mちゃんだけというわけにもいかず…。他の子どもとの関係もフォローしながら、どのようにMちゃんに関われば、もう少し落ち着いてくれるでしょうか？　単に環境に慣れるのを待つだけでなく、積極的な方法があれば取り入れたいので、ぜひ教えてください。

Mちゃん
……
Mちゃん
大丈夫かな…
引き継ぎで…
Mちゃん…
大変だったの
Mちゃんは
何を描くの
かな～?
あ!
Mちゃん
待って!
たたたっ
Mちゃん!
せんせー
ピュー
あ～～っ
Yくんも
呼んでる…!

若林先生より

A スケジュールボードを活用して、〝お仕事〟をお願いしてみましょう

進級したら落ち着かないのは、どの子も同じです。ただ、Mちゃんの場合は、ちょっと違った課題を抱えているのかもしれませんね。クラスの他の子が落ち着いてくるに従って、Mちゃんにとっても良い影響が出てくると思います。それでも、今できることを積極的にしていきましょう。

子どもたちが慣れないうちは、クラスの環境や一日の保育の流れがよく分かるように、スケジュールボードにまとめて掲示してみませんか？　そして、Mちゃんが落ち着かないときは、一つ〝お仕事〟をお願いしてみてはいかがでしょうか。

【スケジュールボード（P.1参照）活用法】

①まず「あそび」「ひるごはん」「おひるね」など、保育の内容や場所（保育室・園庭・公園・ホール…）を紙に書いていきます。朝の会などで、みんなで作っていくと、一日の流れを分かってもらいやすくなります。

②①をスケジュールボードに貼っていきます。面ファスナーを利用すると取り外しが楽です。みんなで貼っていくと楽しいですね。スケジュールボードを持つ係は、Mちゃんにお願いすると良いかもしれません。

③今がどの時間帯か、矢印で指せるようにしておきましょう。

④終わった内容は取り外して、隣に用意したポケットに入れるようにしましょう。Mちゃんが落ち着かないときに、ポケットに入れるお仕事をお願いしてみるといいかもしれません。

1 きがえ
2 あそび
3 ひるごはん
4 おひるね

ボードに関わる子どもは、Mちゃんだけに固定しないように気を付けましょう。みんな、先生のことが大好きで、お仕事を頼まれるとうれしいはずですから。また、先生はとっても助かっていることや重要なお仕事であるということを、笑顔とオーバーなアクションで子どもたちに伝えてください。大いに演じ、子どもとのコミュニケーションを図りましょう。

保護者に伝えよう！

保育者のお悩み

Q 保護者への伝え方が分かりません

Mちゃんの保護者は、お迎えのときいつも心配そうに「Mは、しっかりできていますか？　年少のときは、落ち着きがなくて歩き回っていたようですが…」と聞かれます。今でも落ち着きなく歩き回っているのですが、不安そうにされているので、事実だけを伝えることに戸惑いを覚えてしまいます。どのようにMちゃんのことを伝えれば良いのでしょう。

若林先生より

A 保護者の工夫を保護者と共有しましょう

伝えるって本当に難しいですよね。保護者に現状をしっかりと伝えることは大事ですが、「○○ができません」や「○○で困っています」といった否定的な表現は避けるように注意しましょう。また、全ての状況を伝える必要はありません。

保護者に伝えるときは、保育者が工夫していることも必ず添えるようにしましょう。例えば今回のMちゃんの場合。新しい環境で、担任も変わり、落ち着いていません。この状況を良くするため、担任としては、少しでも早く子どもたちがクラスに慣れてくれるよう、スケジュールボードを使って一日の保育の流れを分かりやすくする工夫をしています。保護者には、その日や前後にお願いしたお仕事や、そのときのMちゃんの様子を具体的に伝え、家庭でそのことが話題になるようにすると良いですね。

1 きがえ

4歳児
Aくん

登園は
“泣きながら
だっこ”

保育者のお悩み

Q11 歩いて登園してもらうためには、見ているだけでいいの…？

4歳児のAくんは、0歳児クラスで入園してからずっと父親にだっこされ、毎日泣きながら登園しています。

4歳児クラスになってからは、「もうおにいさんだから頑張って歩こうね」と約束してみたり、「頑張って歩けたときは、シールを貼ろうね」と励ましたりもするのですが、効果はありません。

最近では、他の子どもたちから「だっこされてる」「きょうもないてる」などと言われるようになりました。Aくんは、友達とよく遊びますが、一度気分を害するとなかなか立ち直れません。

このまま様子を見ているだけでいいものなのか…。泣かずに自分で歩いて登園できるよう、何か手立てを考えるほうが良いでしょうか？

若林先生より

A 保護者の協力を得て、時間を掛けて解決。原因を探り、一つずつ確かめていきましょう

保育者や保護者にとって切迫した問題があるわけではなく、Aくん自身も困っていないのであれば、このまま様子を見ても良いでしょう。しかし、4歳児ともなると、他の子どもたちとの関係もありますよね。現状が続けば、「弱虫」「泣き虫」「ぐずり虫」などというイメージが広がってしまう可能性もあり、心配になる気持ちも分かります。

そうなると、Aくんの自己肯定感（「自分は、良い子だ、できる子だ」といった良いイメージ）が低くなってしまうかもしれません。それは、5歳児になっても残ってしまうでしょう。そう考えると、今できることを試していく意味はあると思います。

まず、泣くのは登園時だけなのか、その原因は何か、できるだけたくさん考えてみましょう。

例えば、

「パパと別れたくないから」

「パパにだっこしてもらいたいから」

「朝、家がバタバタしていて不安になるから」

「4歳児クラスになって早番の保育者が変わってしまったから」

など。そして、その中から一番影響しているものが何かを見つけましょう。それが解決の第一歩となります。そして何より、原因を確かめるためには、保護者の協力が必要です。最初に浮上した可能性が、絶対ということはありません。それがだめなら、次に考えられる可能性についても確認し、根気良く原因を探っていきましょう。また、可能性の一つずつを確認する時間をたっぷりと設けることが必要です。習慣はなかなか変えられないものですが、諦めずに家庭との協働を試みましょう。

せんせい
かわっちゃった…
パパと
わかれたくない〜!!
だっこして
もらいたいの…

保護者に伝えよう！

保育者のお悩み

Q 困っている様子の父親に保育者ができるアドバイスは？

父親も、朝はAくんがぐずるので、だっこするしか手立てがないようです。毎日困った様子で登園されます。何かアドバイスできないでしょうか？

若林先生より

A 保護者の苦労に寄り添いながら、〝パパのだっこ〟をご褒美に！

我が子に泣かれると弱いですよね。しかし、だっこは仕事前の大きな負担になっていると思います。まずは、その大変さをねぎらってください。その上で「登園時にはだっこをしない」ことを提案してみましょう。その代わり、Aくんには、ご褒美として〝パパのだっこ〟を認識させるようにもっていきます。だっこは褒められたときにしてもらえるものであると、理解してもらうようにしましょう。

成功のカギは、「朝泣かれても絶対にだっこしない」という父親の覚悟、そして実行に必要な時間的余裕です。保護者としての苦労に共感しながら、この先Aくんが5歳児になったときの心配も伝え、「一緒に考えませんか？」と提案してみてください。

よーし！
ご褒美の
だっこだ！
わーい!!

4歳児
Bくん

全体指示でも分かってほしい

保育者のお悩み
Q12

言葉を理解できていないのでしょうか…？

4歳児のBくんは、この4月に転園してきたばかり。2か月がたちクラスにはすぐになじみ、好きな遊びを見つけて楽しそうですが、集団行動が苦手です。全体指示をよく聞いていないのか、理解できていないのか、行動できずに確認に来ることも珍しくありません。例えば、毎回「外から帰って来たら、帽子を脱いで、手洗い・うがいをしましょう」と言っても、帽子をかぶったままボーッとしています。ただし、Bくんに直接「何するんだっけ？」と聞くと、「あ～」と思い出した様子で動き始めます。

また、Bくんはおしゃべり好きですが、話の途中で「おさかな」が「おたかな」になったり、時系列をうまく説明できずに相手に伝わりにくかったりします。昨日のことなのか今日のことなのか、Bくんだけが分かっていることも多いです。

Bくんを、どう理解し、支援していけば良いでしょうか？

若林先生より

A 自分に関する指示だと分かるように、ことばがけを工夫しましょう

Bくんは、全体指示を理解できているものの、保育者がみんなに呼び掛けているため、自分に言われているという意識が弱いようです。自分とは関係のない話を聞いているという感じなのでしょう。だから、なかなか行動に結び付かないということが考えられます。

Bくんに、自分にも関係する指示であるということを、伝えていく必要があります。例えば、全体指示を出す前に「Bくん!」と呼び掛け、こちらに注意を向けてみるのはどうでしょう。あるいはもっと大きなグループを意識させ、全体への理解を促すためには「○○組さん!」という呼び掛けも有効ですね。また、「男の子は手をグー、女の子は手をパーで挙げて」など、遊びながら確認できるようにするのも良いでしょう。みんなに伝えていることは、Bくんにも伝えているのだということを強調して、学習を重ねてもらいましょう。きっと、Bくん以外にも、指示に注意がいっていない子がいるはずです。Bくんだけが特別目立たないよう、複数の子どもに声掛けするなど工夫したいですね。

おしゃべりについては、原因を探ってみましょう。単なる言い間違いかもしれませんが、ひょっとすると発音がうまくできないのかもしれません。さ行が発音できず、た行になってしまう子どももいます。4歳児の段階であれば、正しい音を聞かせ、しぜんと学習するのを待ちましょう。5歳児になってもそのままであれば、構音の指導を考えましょう。

○○組さん!
は一い!!

おたかな!
おさかな
ね!

保護者に伝えよう!

保育者のお悩み

Q 保護者と一緒に考えたい。Bくんのことをどう伝えれば?

保護者は、Bくんについて特に困ったり焦ったりしている様子はありません。1歳になる妹がいて、目が離せないようです。お兄ちゃんであるBくんを頼っている様子もあり、課題がなかなか見えていないように思います。保護者と一緒にBくんのことを考えていきたいです。どう伝えれば良いでしょうか。

若林先生より

A まずは家庭での様子を尋ねてみましょう

集団への呼び掛けは、家庭にはない場面です。保護者は、集団行動におけるBくんの反応を知らないだけかもしれません。言い間違いは、具体的で伝えやすいかもしれませんね。また、「一度に幾つかの内容を伝えると理解できなかったり、忘れたりすることがありませんか?」と聞いてみましょう。家庭で同じような様子があれば、園での様子も伝えやすいですね。Bくんの状況を正しく理解してもらい、一緒に考えていくための大切な第一歩です。

家でのBは…
お出掛けバッグを取って来て
Aちゃん(妹)のおやつを入れてね
一度に幾つか伝えると…?

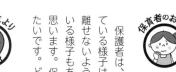

4歳児
Jくん

行動に時間が掛かります…

Q 保育者のお悩み 13

やれないの？ それともやりたくないだけ？

4歳児のJくんは、外遊びや好きな遊び、気に入った製作の時間などには元気いっぱいですが、朝の支度や着替え、降園準備のときには、グズグズしてなかなか行動に移せません。急ぐように言ったり、他の友達のしていることを見せたりしても、我関せずです。優しく、時に諭したり、キッパリと指示したりしてみても変化はありません。また、やらないだけでなく、大きな声で泣き叫んだり、服やかばんを投げたりすることもあります。

Jくんは頑張ってもやれないのか、それとも単にやりたくないだけなのかが分かりません。やれないのであれば、やれる方法を考えてあげたいし、やりたくないだけならば、Jくんのやる気が出るような関わり方を知りたいと思っています。

クラスのみんなが楽しい園生活を送ることができるようになるためのアドバイスをお願いします。

若林先生より

A “みんなと同じようにできた！”という達成感をもてるようにしてみましょう

Jくんだけでなく、誰もが自分の好きなことだけをしたいことでしょう。それだけに、Jくんがルールを守らなかったり、Jくんのために長い時間待たされたりすることは、他の子どもにとってはストレスですよね。まず、Jくんが「やれないのか、それともやりたくないだけなのか」を考えてみましょう。

Jくんにしてもらいたいことの質と量を見直してみます。

●質…常にやらないのか、内容によってはすることもあるのか。

やろうとする様子が見えたら、大いに褒めて行動につなげていきましょう。やりたくない様子が見られたら、Jくんにとって難しい内容なのか確認をしてみましょう。難しいと思ったら、少し簡単なことに変えてみましょう。このときの判断材料として、友達との遊びやルールの理解の状況確認が役立ちます。

●量…少なければすることができるのか。

もしかすると、やることが多いのかもしれません。保育者が少し手伝って最後はJくんが自分でできたという感覚がもてるようにしてみましょう。他児と同じゴールを目指すときは、保育者の補助はできるだけ、他児に気付かれないように、部分的にかつタイミングを選んで行ないましょう（P.1①スケジュールボードも参考にしてください）。

Jくん自身に「どうせできない、やりたくない」と思わせるのではなく、“みんなと同じようにできた！”という達成感をもてるようにすることが大切です。できないことを注意するよりも、Jくんを観察して「やらない、やりたくない」理由を探してみましょう。

Jくんだけでなく、他児のことにも配慮できる保育者ならば、きっと、見つけることができるはずです。自信をもって、保育していきましょう。

保護者に伝えよう！

保育者のお悩み

Q 関わり方を改善したいという保護者への伝え方は？

Jくんには、年が離れた兄、姉がいて、家族がJくんの自己主張を何でも受け入れてしまっているとのことです。保護者もJくんへの関わり方に悩まれています。どんな言葉を掛けたら良いのでしょうか？ また、どんなアドバイスをすれば良いのでしょうか？

若林先生より

A 家族みんなで決めて、一つずつしていくことを伝えてみましょう

忙しい保護者が、Jくんの行動を待つことはなかなか大変なことと思います。年が離れた兄、姉がいて、手があるので、Jくんの自己主張を受け入れてしまったほうが時間の節約になりますし、楽なのだと思います。でも、それだとJくんの成長につながりません。

家族の手がたくさんあるからこそ、みんなでJくんにしてもらいたいことを一つだけ決めて、それだけは必ずJくんにしてもらうように提案してみましょう。家族みんなで、Jくんの「やらない主張」は受け入れないという方法です。一つがうまくできるようになったら、次の一つを決めることが成功の秘訣とお伝えしましょう。そのとき、園でできていることを伝えて、保護者の励みにしてもらいましょう。

4歳児
Eくん

不器用からの脱出！

保育者のお悩み
Q14

作品を完成させて、成功体験を積めるようになるには？

4歳児のEくん。ブラウスのボタンの留め外しや、フェルトペンのキャップの付け外しがうまくできません。保育者から見ても、手先が不器用な感じを受けます。製作時のはさみは紙を挟んで引きちぎるという感じ、のりは枠からはみ出てベタベタ、セロハンテープはテープカッターで切れず長く引っ張ったまま、挙げ句に紙に貼ろうとしたら、他の所に付いてしまって剝がれずビリビリ。Eくんもうまくできないので、イライラして、作ろうとしていた物をぐちゃぐちゃに丸めたり、ごみ箱に捨てたりしてしまいます。再挑戦しようとはするのですが、Eくん自身うまくできないストレスがあるようで、保育者もどのように手伝っていけば良いのか分からず、もどかしく感じています。

Eくんに自分でできたというれしさを感じてほしいです。Eくんのために園でできることを教えてください。

若林先生より

A 大きな課題は不器用ということ。よく観察して原因を見つけ、対応しましょう

観察の視点は大きく5つ。該当するものは一つの場合も、幾つかが重なっている場合もあります。

①製作内容が、Eくんにとっては難しい
②製作内容に興味や関心がない
③目と手の協応動作がスムーズにいかない
④指先の関節などの感覚が鈍い
⑤姿勢が崩れやすい

①・②であれば、製作内容の見直しや投げ出す直前まで見守り、一番難しいところはEくんに「手伝ってもいい?」などと声を掛け、許可を得てから一緒に取り組みましょう。製作の援助はしても、最後は、Eくんに完成させてもらいます。製作のスタートを切ったならば、必ずゴールのテープも切るようにしていくことが大切です。自分でできたという満足感と自己肯定感に結び付けていきましょう。

③・④・⑤の場合は、感覚の未発達な部分を育てていきましょう。ここでは園内でできる簡単なことを少しだけ紹介します。

例えば、

- **衣服を畳むときに左右の袖や手が出てくる所を見ながら声に出して確認する**
- **3歳児のボタン留めを手伝う（直接見ながら取り組める）**
- **友達と一緒に机を運ぶ（身体バランスを鍛えたり、筋肉や関節の動きを確認したりできる）**
- **ボールの的当て遊びをする（目と手の協応動作が発達する）**

などです。

体の使い方は、4歳までの癖がついているので、速効での変化は期待できません。ただし、何か一つでもできると、必ず成長は見られます。諦めずに継続しましょう。Eくんの成長の可能性は、誰にも断定できません。保育者は常に、成長を期待しながら、目の前のEくんを見て、適切な刺激を与え続けていきましょう。

右手と左手
こんにちは
力の入れ方や
関節の動きを確認…

保護者に伝えよう！

保育者のお悩み

Q 家庭への協力依頼の仕方を教えてください

Eくんの家庭では、Eくんがうまくできないとき、Eくんのためにならないことは分かっていてもEくんのイライラや爆発を避けたいと思い、投げ出す前に保護者が手伝ってしまうようです。Eくんの成長のため、どのように、協力をお願いしていくことができるでしょうか?

若林先生より

A 自己肯定感を育てる対応を具体的に伝えましょう

保護者も、手伝ってしまうことが良くないと思っていらっしゃるようです。できないことを手伝うこと全てが悪いわけではないと伝え、園と同様な対応をお願いしてみましょう。

最後まで保護者が手伝って、Eくんが〝自分はどうせできない〟と自己否定感情を抱くことがマイナスなので、難しい部分は手伝っても、最後はEくんに〝自分でできた!〟というゴールインの喜びを味わわせてあげることが重要だと伝えましょう。保護者にとってもEくんの成長のためにできる方向が見えることは喜びにつながります。

我が子の課題に何をしたら良いか分からないことが「一番つらい」とは、よく保護者から聞く言葉です。保護者と共に、Eくんの輝きを見つけていきましょう。

ボタン、半分
お顔を出すね
引っ張って

4歳児
Kちゃん

午後はずっと
お弁当を
食べています

保育者のお悩み
Q15

マイペースなのは経験不足だから？それとも性格？

4歳児のKちゃんは、2年保育で年中クラスに入園しました。それまでは、集団で遊んだり、活動したりすることはなかったようです。家庭で大切に育てられてきたKちゃんは、非常に穏やかな性格で、友達とのトラブルなどもありません。

一方、とてもマイペースで、保育者とは話しても、友達の輪に積極的に入っていかないのが気になります。お弁当を食べるのもゆっくりで、いつも午後の遊びの時間がなくなります。「おなかがいっぱいなら、みんなと遊ぶ？」と言っても、首を横に振って降園時まで食べ続けます。プール遊びでも、一人で着替えようとしません。自宅では、食事や着替えなど全てに保護者が関わっているようです。こうした状況は、Kちゃんの経験が単に不足しているためだけなのか、もともとの性格なのかと判断に迷ってしまいます。Kちゃんをどのように理解し、援助すればいいでしょうか？

若林先生より

A 時間か、スキル不足か、気持ちの影響か。様々な視点で観察し、考えていきましょう

Kちゃんの行動は、集団行動における経験不足とも、単にマイペースな性格ともとれますね。ただし、入園から数か月過ぎているようならきっと経験不足だけが理由ではないのでしょう。「Kちゃんはマイペースだから」で済ませてしまえばそれまでですが、それでは何も解決しませんよね。

まずは、行動や場面に合わせて、ちょっとした工夫をしたり、観察したりしてみましょう。いろいろと試す中で、Kちゃんの行動に変化があるか見ていきます。工夫の例は次の通りです。

①お弁当を食べる時間を制限してみる（「〇〇の時間までに食べ終わろうね。その後は、もうおしまいね」と声を掛ける　など）。

②お弁当の量を調整してもらう（保護者協力のもと、時間内に食べ終われる量にしてもらう　など）。

③日常の園生活で必要な、準備や着替えのスキルが身につけられるようにする（Kちゃん自身が達成感を得られるよう、声掛けなどを工夫する）。

④Kちゃんが楽しいと感じるものを見つけ、意欲につなげる（「〇〇できたら、楽しい△△しようね」と見通しをもてるようにする）。

⑤友達の言葉や行動を、保育者が実況・解説し、他児の言動に注意が向くようにする。

Kちゃんにとっての課題は、行動に掛かる時間なのか、それともスキル不足や気持ちの影響といった他の要因なのか見極めましょう。様々な視点で観察し、考察していくことが大切です。

保護者に伝えよう!

保育者のお悩み

Q つい手伝ってしまう保護者に、どうやって働き掛ける？

Kちゃんを大切に育てていきたいという、家庭の強い意向があります。一方で、手を出し過ぎてはいけないと理解してはいるものの、準備に追われる多忙な日々の中で、つい着替えなどを手伝ってしまうようです。園からは、どのように働き掛けたら良いでしょうか？

若林先生より

A 就学に向けた取り組みであると保護者にも理解を促して

保護者の深い愛情を認め、悩みを共有していきましょう。それができたら、園でのKちゃんの行動とそれに対する考察、そして今後取り組もうと計画していることを、具体的に伝えていきましょう。お弁当の量の調整など、家庭の協力も得られるはずですよ。また、2年保育にした背景も意識しながら、お話を伺ってみましょう。もしかすると、Kちゃんの性格が心配で、入園を遅らせたのかもしれません。保護者と悩みを共有し、信頼関係が築ければ、様々な思いを話してくれるでしょう。

大切なのは、安心して就学できるようになることだと、みんなで理解することです。協力してKちゃんの育ちを支えていきましょう。

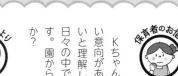

4歳児
Rちゃん

自分のことに集中してほしい！

保育者のお悩み
Q16 周囲に気を取られず、自分で身支度を進めるには？

4歳児のRちゃんは、周囲の環境や状況に気を取られがちで、自分のことになかなか気が向きません。そのせいか、みんなより行動も遅れがちです。

例えば、朝の身支度は、みんながロッカーの前に移動する様子をじっと見ていて、なかなかロッカーの前に行動を起こさず、みんなよりもワンテンポ遅れてしまいます。

ようやくロッカーの前に行っても、他児の様子をキョロキョロ見て動きが止まり、誰かが遊び始めると、支度が途中でもそちらに気を取られて遊び始めます。保育者が「Rちゃん、お着替えしようね」「Rちゃん、かばんが出たままよ。ロッカーに入れてから、一緒に遊ぼうね」などと声を掛けると、思い出したように動くことができます。

しかし、常に声掛けできるわけではないので悩んでいます。周囲の刺激に気を取られがちな子が、自分の力で身支度などを進める有効な方法を教えてください。

若林先生より

A 保育者の声掛けを段階的に減らすことで、少しずつ自分で気付けるようになります

保育者のことばがけがあれば行動できるRちゃん。するべきことは分かっているようですね。

もし、保育者が声掛けしなければどうなりますか？ ずっと気付かずにいますか？ それとも友達の様子を見て、遅れながらも行動を開始しますか？ どちらでしょう？ 一度、声掛けをせずに見守って様子を見てみましょう。Rちゃんの行動に気付いている保育者だからこそできることだと思います。

結果、時間が掛かりながらも自分から動くことができたなら、その場ですぐに気付けたことを褒めてあげてから、「明日もね」と、継続できるような声掛けをしましょう。気付けなかった場合は、これからは、するべき行動の前に「○○ちゃんは、お着替えしているよ」など、友達の様子を伝えて、自分が今、何をしなければいけないのか、ということに気付けるようにしてあげましょう。

また、Rちゃんは、周りが気になっているようです。Rちゃんが身支度する場所では、周囲からの刺激が少なくなるようにしてみるなど、気になる物がなくなると少しは早く行動できるかもしれません。Rちゃんのロッカーの前につい立てを立てたり、保育者がRちゃんの前で視線を遮るように立ったりするのも有効でしょう。ロッカーに登園からの流れを絵で描いたものを貼って示してあげるのも良いかもしれません（P.1①スケジュールボード参照）。

今は、大好きな保育者が掛けてくれる言葉を待っていたり、安心して頼っていたりするのかもしれません。この関係性を大切にした上で、ゆっくり自立を目指しましょう。

保護者に伝えよう！

保育者のお悩み

Q 協力的な保護者と一緒に取り組むには？

保護者はとても協力的で、「Rのために一緒に頑張りたいので、家でできることがあれば、教えてください」と言ってくださっています。園と家庭の環境は異なるので、どのように一緒に取り組んでいくのが良いか、またそれをどう伝えるのが良いのか教えてください。

若林先生より

A 保護者と一緒に直接的な対応を減らしていきましょう

家庭でのRちゃんもスムーズに行動できないときがあると思います。その内容にアプローチしてみることを勧めましょう。

アプローチの仕方は、園と同じような行動ならば、園の対応方法を伝えて、同じ方法を試してもらいます。園とは異なる様子でも、ことばがけや直接的な対応を減らしていくように提案してみましょう。家庭と園が同じ方法を試していくことは、Rちゃんの混乱を減らし、スムーズな自立につながります。Let's try! です。

初めは、直接声掛けするよりも時間が掛かると思いますが、少しずつでも自分で気付けるようになれば、その後の時間短縮とRちゃんの大きな成長につながることは絶対です。Rちゃんの力を信じて待ってみましょう。

4歳児
Kくん

衝動的な
行動をとる

保育者のお悩み

Q17 気持ちをコントロールできるようにするには？

4歳児のKくんは、0歳で入園したときからよく動き、歩けるようになると、保育者が少しだけ他の子どもを見ている間に園舎外に出て行ってしまうほどでした。3歳になると衝動的な言動も加わりました。また、熱中するとやめられず、無理にやめさせると、誰にでも手や足が出たり、かみ付いたりする行動が目立ちます。危険意識も薄く、興味のあるものの方へすぐに駆けだすので、目を離すことができません。

今は、保育者がKくんのそばで、気持ちを受け止めれば、少しは切り替えられるようになってきていますが、進級すると一人に付くのも難しくなります。Kくん自身が、行動を起こす前に少しでも考えたりとどまったりする時間をもつことができないかと考えています。Kくん自身で気持ちをコントロールできるようになるにはどのように対応すれば良いでしょうか。

若林先生より

A 落ち着いているときに、我慢したり、友達の気持ちに気付いたりできる機会をつくって

Kくんの活発さと危険意識のなさ、切り替えの難しさ、状況によっては、人にも手が出てしまうことに、先生方は、常に緊張を強いられていると思います。そんな中、Kくんの気持ちを受け止めるような対応をされているのは、本当にすばらしい！　日々、繰り返されるKくんの危険な行動や切り替えの悪さに、時にため息の一つもつきたくなられるのではないでしょうか？　でも、そんなKくんへの対応ができるのは先生方だけです。

今している対応で、Kくんの行動が改善されてきていることが絶対的事実です。4歳児クラスの間は、できる範囲でこの対応を継続することが大切です。意識しながら、少しずつ、先生方の対応時間を減らしていきましょう。

しかし、問題が起きたときにだけその対応を考えることは、得策ではありません。Kくんが興奮状態で、余裕がないときに、困難な課題に取り組むことになります。Kくんが落ち着いているときに、少し我慢してもらうことや友達の気持ちに気付けるような機会を意識的につくって取り組んでみましょう。

例えば、次の3つはいかがでしょうか。

①行動の切り替えを促すために、終了時間を他の子よりも早く伝える。

②保育者が仲介して、Kくんの遊びに友達を誘い、意図的に貸し借りを学ぶ機会をつくる。

③Kくんが友達との遊びにはルールがあるということや、仲良くすると楽しいということに気付くように、友達がKくんの周りに集まるようなゲームを行なう（例　じゃんけんゲーム：各自のマークのカードを作って、Kくんから1枚ずつ引き、出たカードの友達の名前を呼んで、じゃんけんをする。勝ったほうが次にカードを引くのを繰り返す）。

保護者に伝えよう！

保育者のお悩み

Q つい叱ってしまう保護者。どう働き掛ければいいですか？

Kくんの保護者は、手をつけられなくなると、つい強く叱ってしまうことに悩んでいます。毎日多忙な保護者が楽になるようなことばがけはありますか？　また、Kくんを一緒に支援していくにはどう働き掛けるのが良いでしょうか？

若林先生より

A 肩の荷が下りるようなことばがけを！

保育者からの「いっぱい頑張ってきたお母さん、お父さんは少し休憩してくださいね」「園でできそうなことを考えて対応しますね」「おうちにもご協力をお願いすることがあるかもしれませんが、そのときはよろしくお願いします」など、肩の荷を下ろせるような声掛けが保護者のエネルギーになると思います。

〝一緒に頑張りましょう！〟の言葉は、今も頑張っている保護者にとって、〝まだ、頑張らないといけないの!?〟と、時につらい言葉になってしまう、ということを忘れないようにしましょう。保護者が少しでも楽になったとき、Kくんの更なる成長が認められたときこそ、〝一緒に…〟という言葉が生きてくると思います。

4歳児
Kちゃん

一緒に
楽しみたい!!

保育者のお悩み
Q18 一人遊びばかりでずっと黙ったまま。気持ちを知りたい！

物静かで、口数も少ない4歳児のKちゃんは、周囲となかなか関わろうとしません。登園してから帰るまで、ずっと一人遊びをしています。いつも黙々と工作をしたり、積み木で遊んだりしています。一人で遊ぶこと自体は悪いことではないのですが、ずっと黙っているのでKちゃんの気持ちが分からず、いろいろと図りかねています。時々でいいので、笑顔を見せてくれたり、保育者や友達に話し掛けてくれたりしたら、Kちゃんも園生活を楽しんでいるのだなと思えて安心するのですが…。

保護者からは、Kちゃんは園に来ることをいやがっていないと聞いています。それでも、たまには周囲との関わりの中で、笑顔を見せてくれたらと思うのです。少しでもみんなと一緒に、生き生きと活動してもらいたいと思うものの、その方法が分からずに悩んでいます。どうアプローチすれば良いでしょうか。

1
Kちゃん 積み木が 好きなのかな
黙々
…
2
まだ やってる… あれは 楽しんで いるの?
無表情
…
3
みんなで ロボット 作ってるよ!
Kちゃんも 作らない?
…
4
…… おーい…
…

若林先生より

A 安心感から、人との関わりを楽しめるよう、子どもの遊びや言葉をまねしてみましょう

相談内容から、保育者がKちゃんのことを本当に大事に思っていて、気に掛けていることが分かります。保育者の仕事に対する責任感が強く、子どもたちが大好きなのですね。さて、今回の内容ですが、Kちゃんは誰にも迷惑を掛けていません。しかし、Kちゃんのことを考えたときに、もう少し元気で笑顔があるといいなと思っていらっしゃるのですよね。

しかし、今のKちゃんは、一人で遊んでいるほうが落ち着くようです。それを強引に変えようとするのは、あまり良い方法とは思えません。無理やり他の子どもたちの輪に引っ張って行っては、Kちゃんを不安にさせるだけです。では、どうすればいいのか。一つの手法として、保育者からKちゃんの世界に歩み寄ってみてはいかがでしょうか。例えば、静かに積み木遊びをしているKちゃんの横で、保育者も積み木をするのです。Kちゃんが柱を立てたり、屋根をのせてみたりするのを、同じようにまねて遊びます。描画や粘土遊びでも、Kちゃんが見える所で、同じように描いたり作ったりしてみましょう。その中で、Kちゃんが何か音や言葉を発したなら、保育者もその音や言葉を繰り返します。表情の変化でもいいのです。そして、Kちゃんが保育者に気付いたら、そのときの様子を「楽しいね」「積み木、高く積めたね」など、Kちゃんの気持ちを想像して代弁してみてください。これを続けているうちに、Kちゃんも表情の変化や発声などの反応を返してくれるようになるはずです。

「同じ」というのは、安心感や好感につながりやすいのです。Kちゃんが、少しでも保育者に関心を向けたら、その遊びを発展させてみましょう。Kちゃんが興味を示してくれたなら大きな第一歩です。安心感を得た先に、人と関わることの楽しさを伝えていくようにしましょう。焦らなくても大丈夫。『模倣・まねる』をキーワードに工夫してみてくださいね。

保護者に伝えよう!

保育者のお悩み

Q 保護者は気にしていない様子。協力してもらうには?

Kちゃんは、家でも静かにテレビを見ていることが多いようです。いやがりはしないものの、何をするにしても積極的ではないようです。ただ、保護者としては、手が掛からず助かっているようで、そこまで気にしていません。どのようにして協力してもらうと良いでしょうか?

若林先生より

A いきなり協力までは求めず、保護者の思いを伝えましょう

静かにテレビを見ていて、何をするのもいやがらないKちゃんは、確かに手の掛からない『育てやすい子』です。保護者としては助かるのも分かります。問題視していないのは当然ですし、むしろ自己主張が激しくなったら大変だから、今のままでいいと思っているかもしれません。そこで、いきなり協力までは求めず、まずは保育者の「Kちゃんと元気に一緒に遊びたい」「気持ちを大切にしたい」思い、小学校就学後の心配などを、少しずつ伝えていくことから考えてみましょう。

4歳児
Rくん

園では
自分から
発信しないのに

保育者のお悩み
Q19

園と家庭では課題が全く違うのですが…

4歳児のRくんは、2歳から園へ通っていますが、ほとんど言葉を発しません。大人の問い掛けには、首を縦や横に振ってくれます。また、意に沿わないことは全身で拒否し、しっかり意思表示をします。そんなRくんは、自分から何かを発信することはなく、いつもお気に入りの電車のレールを黙々と組み立てて電車を走らせて遊んでいます。しかし、そこに友達が「いれて」とやって来ると、す～っと離れて行ってしまいます。戸外でも立ち尽くしたままで、遊びに誘っても拒むことが多いです。ただし、友達と手をつないで長い距離を散歩することはできます。

一方、家庭では普通に会話をしているそうです。ただし、紙パンツをはき、ほとんど保護者のだっこで移動するとのことです。園と家庭との様子の違いに、保育者も保護者も戸惑っています。Rくんをどう理解し、関わっていけば良いでしょうか?

若林先生より

A 小さな目標の達成から、最終目標の実現へ。家庭と協力し合いながら進めていきましょう

最初に、「園で話さないRくん」や「家庭で紙パンツをはき、歩かないRくん」という二元的な捉え方を取り払い、Rくんの全体的な発達を見ていきます。

例えば、Rくんの言語理解です。保育者は、YES・NOの反応で理解していると思い、また、保護者のいう家庭での会話も簡単な受け答えかもしれません。4歳児という視点で再考してみましょう。

散歩は、Rくんを理解する大事なカギを握っています。友達との関係は避ける傾向にあるのに、手をつなげるのです。ここを、他者との関わりをもつきっかけにしていきましょう。もしかすると、Rくん自身、場面によるこだわりがあるのかもしれません。無意識なこだわりなので、簡単には取れないかもしれません。園と家庭で一緒に根気強く、変化のきっかけづくりをしていきましょう。次のようなことをヒントにしてみてください。

①お迎えのとき、保護者の前で友達と手をつないで園外に出てみる。

②乳児と一緒にトイレを使う機会を設け、「カッコイイおにいさんパンツ」と「カワイイ赤ちゃんおむつ」を見せ、話し掛けてみる。

③散歩では、楽しく歌をうたったり、車や電車や花など、景色について話したりしながら他者の反応を見せていく。

④家庭でのだっこは、数をかぞえたりタイマーや砂時計で時間を決めたりしてみる。

⑤Rくんは、家庭ではいろいろな話をしていることを、園でみんなと話題にしてみる。

いろいろと試しながら、園と家庭でできることを一致させていくことが最終目標です。その目標に向かって、小さな目標の階段を一段ずつ上っていきましょう。Rくんのペースを大切にすることを忘れずに。そして、今もRくんなりの園生活を送れているということも、忘れないでくださいね。

保護者に伝えよう!

保育者のお悩み

Q 協力的な保護者への伝え方のポイントとは?

Rくんの保護者は協力的で、「一緒に頑張ります」と言ってくださいます。ですが、どのように一緒にしていくのがいいか、保護者には、何をどう伝えたらいいか教えてください。

若林先生より

A 園での様子を知らせ、協力できる作戦を…

まず、保育者から見たRくんのできていること・できていないことの両方を伝え、状況次第では、参観も提案してみましょう。園の状況が共有できたら、家庭の状況も共有できるように聞いていきましょう。その後、園と家庭それぞれでしかできないことや協力すべきことなどを分類して、実行できることを提案していきましょう。

園と家庭で協力し、小さな目標を決めたら、最終確認です。Rくんに意識させせない作戦の実行を約束しましょう。「しぜんな形でRくんの秘めた力が出せるようにしましょう」と伝えてみてください。

4歳児
Iくん

じっと座っているのが苦手です…

保育者のお悩み Q20

どうしたら姿勢を崩さずに座れるの？

4歳児のIくんは、じっと座っているのが苦手です。人の話を聞くなど、他の子どもは座ってじっとしている場面でも、すぐに手足をそわそわ動かしたり、体を左右に揺らしたり、イスから滑り落ちるような座り方になったりします。

絵本の読み聞かせのときも、初めは興味深く聞いているものの、姿勢が保てるのは30秒ほどです。絵本に興味があって聞いているのですが、段々と姿勢が崩れ、最後は、寝そべっているような状態になります。注意すると一瞬だけは、姿勢を整えます。しかし、すぐに姿勢が崩れ、時には、立ってゆらゆらと揺れだすこともあります。

お別れ会や卒園式で、座っていなければならない場面などでは、どうしたら、姿勢を保って座れるようになるのでしょうか？　Iくんの捉え方とアプローチの仕方を教えてください。

若林先生より

A 刺激を減らしたり、体の感覚に気付けるような運動を取り入れたりしてみましょう

じっと座っているのが苦手なIくんは、様々なものに興味や関心があるのでしょう。中でも特に絵本が好きで、〝体は動きたいのに、気持ちは絵本〟といった感じなのではないでしょうか？　例えば、Iくんが興味のない、今日の予定を聞くこととか、今度行く遠足の注意事項などでは、立ち上がったり、時にはクルクルと回りだしたりしてしまうことがあるかもしれません。

幾つかのIくんの状況から推測し、対処法をお伝えしましょう。

●様々な刺激（音や友達の声、匂いや友達の作品　など）が気になってしまい、落ち着かない。

↓**刺激を減らしてあげましょう。**

●体幹が弱く「背中をピンと伸ばそうね」などと注意をされると、そのときだけは頑張れるのに、すぐに疲れてしまい、体が〝お休み〟の楽な姿勢をとろうとしてしまう。

↓**背筋や腹筋を鍛えていきましょう。**丸めたマットの上にあおむけになって寝て、「起きる・寝る」や、「足を押さえて起き上がる」を繰り返すなどがいいでしょう。

●バランスの崩れを感じ取る感覚がうまく働いていないため、姿勢の維持や調整に気を配りにくい。

↓**感覚刺激を取り入れてあげましょう。**

時に、立ったりふらふら揺れたりするのは、Iくん自身が自分で、感覚を調整しているのでしょう。園の中にある運動用具を有効に使うことで、少しずつ体をつくっていきましょう。トランポリンでリズムに合わせて「高く・低く跳ぶ」「跳びながらボールをキャッチする」なども効果があります。

また、運動場面だけでなく、「〇分頑張ろう」と見通しを立ててあげることでやる気につなげていきましょう。初めは、短い時間から少しずつ長く頑張れるようになることを目指しましょう。

保護者に伝えよう！

保育者のお悩み

Q 身体的にも精神的にも楽にしてあげたい…

Iくんの行動を気にしている保護者から「行事には参加させたくない」と言われました。しかし言葉や表情からは「どうにかしたい！」という気持ちが感じられます。家事・仕事が忙しいようで、疲れているような様子もあります。一緒に取り組める方法を教えてください。

若林先生より

A Iくんの体づくりから、保護者の笑顔づくりへ

まず、「行事に参加しないということではなく、参加できるための方法を一緒に考えましょう」と声を掛けてあげてください。その上で、簡単に取り組める体づくりの方法を伝えましょう。

例えば、園で取り組んでいる感覚刺激。登降園時に、危なくない道や園庭で、保護者の合図で大きいジャンプや小さいジャンプをするなども楽しいでしょう。お手伝いで、少し重い買い物袋を持ってもらうなどもバランス力や体力がついて良いですね。少し余裕が出てきたら、「家族みんなの健康維持にもつながる」と、家族で腹筋体操をすることを勧めてもいいですね。保護者の笑顔が少しでも増えていくような支援方法を考え、できそうなことから始めましょう。

4歳児
Mちゃん

4歳児のおむつ卒業するには？

保育者のお悩み

Q21 5歳児を目前に、おむつがないと排便しないのは…

4歳児のMちゃんは、おむつがないと排便ができません。この夏からは、日中はパンツをはいて過ごし始めました。しかし、排尿だけはトイレで成功することがあるものの、排便になると必ずおむつを要求してきます。そうこうしているうちに、何の進展もないまま冬になり、Mちゃんはもうじき5歳児になろうとしています。

そんなMちゃんですが、入園当初から不安な表情が続いているのも気掛かりです。運動会や発表会など、たくさんの人がいたり、注目されたりする場面は苦手で、泣きだしてしまうこともあります。なかなか自信をもって園生活を送れていません。こうしたMちゃんの状況は、おむつが外れないことと何か関係があるのでしょうか？　おむつが外れたなら、園でも家庭でも、もっと楽しく過ごせるようになると思うのですが、どのように援助していけば良いでしょうか？

若林先生より

A まずは家庭でのトイレの状況を把握して、少しずつステップアップできる対策を！

保育者の努力にもかかわらずこの時期までおむつが外れないなら、原因はMちゃんに課題があるかもしれません。運動会や発表会で泣くということですが、そこから理由を考えてみましょう。他の園児が何げなくこなすことでも、Mちゃんにはつらいことがあるのでしょう。「入園当初から不安な表情が続いている」ということですから、園生活では常に緊張しているということも考えられます。

緊張しやすいMちゃんに、保育者がまず取り掛かるべきは、家庭でのMちゃんのトイレの状況を確認することです。現状では、詳細には把握できていないようですね。おむつは家でもはいているのか、排尿と排便はどうしているかなど、保護者に聞いてみてください。その上で、家ではちゃんとトイレで排便できているということであれば、園の環境を見直してみましょう。園のトイレの雰囲気、保育者の排便の促し方や援助の中に、Mちゃんを緊張させているものはないでしょうか？　トイレの造りを変えることはできなくても、装飾などを駆使すれば手軽に雰囲気を変えられると思います。

そうではなくて、園と同じく、家でもおむつが手放せない状況かもしれません。保護者とも上手に連携していきましょう。家庭でおむつが卒業できれば、園でも改善に向かうはずなので、その機会を逃さないよう事前に対策を立てておくといいですね。運動会や発表会などの、Mちゃんが最も緊張を強いられそうな場面から対応を考えていきましょう。

例えば、園内だけの比較的小規模な発表会であれば、Mちゃんのハードルも下がるのではないでしょうか。緊張をほぐすためにも、少しずつステップアップしていくといいですよ。今までの習慣を変えることは簡単ではありませんが、諦めないで頑張りましょう！

保護者に伝えよう！

保育者のお悩み

Q 育児疲れが見える保護者に手伝ってもらえることは…？

Mちゃんには生まれたばかりの妹がいます。お母さんは育児に寝不足も加わり、お疲れのようです。そんな状況の保護者にも、何か手伝ってもらえることがあるのでしょうか？　負担になりませんか？

若林先生より

A Mちゃんも大切な我が子です。遠慮せずに協力を申し出て

4歳児の終わり頃になっても、おむつが外れないMちゃん。他のお子さんと比べて、保護者もきっと心配しているはずです。妹さんが生まれたばかりということですが、Mちゃんだってその妹さんと同じくらい大切な我が子ですよね。保護者に気遣いできる姿勢はすばらしいですが、そこは遠慮せず、協力体制を提案していきましょう。家庭だけに負担を押し付ける依頼でなく、あくまでも園との協力体制のお願いであることを強調してください。できれば、家庭でできることと、園で取り組むことを話し合えると良いですね。

5歳児
Aくん

苦手なことにも参加してほしい！

保育者のお悩み
Q22 活動の好き・嫌いが激しい子どもへのアプローチは？

5歳児のAくんは、虫が大好きです。戸外遊びの時間には、アリを見たり、ダンゴムシを集めたりしては、生き生きとしています。登降園時にも、虫取り網や虫かごを持っています。登園時、トンボがいたので「つかまえたい！」と言ったのに、「遅れるから、今度ね」とおうちの人に言われて大泣きし、その場から動かなくなってしまったことがありました。

また、Aくんの苦手な絵や製作の時間に、みんなで活動をするときは、「わからない。やりたくない！」と、言って保育室から出て行ってしまいます。一旦出て行くと、戻すのが大変です。

5歳児であることを考えると、得意なこと・好きなこと以外の苦手なこと・嫌いなことでも、やってみようと思えるようになってほしいと思っています。どのようにアプローチしていったら良いのでしょうか？

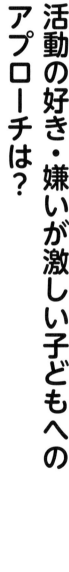

若林先生より

A 好きなことに注目して！ 嫌いな理由を探し 好きなことの中に入れてみましょう

まず、簡単な丸や線だけで描ける絵を一緒に描いたり、切ったりする作業を繰り返し行なってみましょう。そのうち自信がついてきたら、いよいよ製作です。

製作時には、みんなと楽しむことも念頭に置きつつ、Aくんの好きなことから関心が膨らむように工夫して誘ってみましょう。

例えば、絵や製作の誘い掛けに、Aくんの大好きな虫の話から進めてみるなどです。ハロウィンのカボチャが製作のテーマなら、「カボチャを食べる虫はいるかな？ どんなのかな？」や、運動会がテーマの絵なら、「玉入れのときにいたトンボも描こうか？」「おうちの人が見に来てくれたね」など、Aくんの気持ちや状況に合った誘い掛けを考えてみましょう。

保育者が、Aくんに合わせて描いた絵や製作した物をまねさせるのも一つのアイディアです。大切なことは、みんなと同じ作品を作ることではありません。Aくん自身が、参加することが楽しいと感じたり、自信をもって取り組めたりすることが大切なのです。絵や製作の中に、Aくんの好きなことが含まれたり、見本があったりすれば、やる気につながるはずです。

「苦手＝やらない」と決めつけずに、誘い方や可能な製作のアレンジや、見本の提示をしてみましょう。「わからない。やらない」から「わかる。やってみたい」への変化にもっていくのは、Aくんをよく理解する保育者のアイディアの見せ所です。Aくんのパワーを存分に生かせるように考えていきましょうね。

保護者に伝えよう！

保育者のお悩み

Q 就学に向けての不安が強いようです…

保護者より、「うちの子は、小学校に行ったら問題児と言われてしまうのでしょうか？」と聞かれました。保護者の就学への不安や問い掛けにどのように応えていけば良いでしょうか？ 悩んでしまいます。

若林先生より

A 不安を受け止め、援助の方向性の共通認識を！

就学時健診などが始まると、保護者間でも小学校のことが話題になります。他のお子さんと同じことができないと不安になるのは当然です。

まずは、その不安を受け止めることが何よりも大切です。その上で、就学に向けての援助の方向性を確認し、伝えましょう。他のお子さんと違うAくんの良さを伝えそれを活用するために、少しだけ絵や製作が違ってしまうかもしれないことを保護者に伝えて、許可も得ましょう。この作戦が少しでも成功するために、家庭でも簡単な絵を描いたり、持ち帰った作品を話題にしたりしてもらえるように協力をお願いしていきましょう。

5歳児
Mくん

小学校生活に向けて…

保育者のお悩み
Q23

マスクに慣れてほしいのですが

　5歳児のMくんは、いつも半袖で、元気に走り回っていて、落ち着きがありません。指示が伝わらないことも、ルールを守れないことも度々で、「Mくん！」と名前を呼ばれることが多く目立っています。

　そんなMくんに今、一番お願いしていることは、マスクの着用です。就学に向けて、5歳児クラスでは、マスクを着ける練習もしておきたいという思いからです。朝は、保護者に言われ、いやいや着けて来ますが、園に着くか着かないかのうちに、すぐに取り、放り投げてしまいます。新型コロナウイルス感染への心配から、園では、食事前や園庭から帰ったときの手洗い・うがい、食事時のアクリル板設置とできる限りの予防策を徹底しています。その他、マスクを外すのは食事のときだけの約束です。それ以外は着けていてほしいのですが、どうしたらMくんが、少しでもマスクに慣れ、着けてくれるのでしょうか？

1
おはよ…
おはようございます
ぱっ
2
Mくん マスク！
3
4
Mくん マスク〜！

若林先生より

A 短時間からの着用に挑戦してみましょう

幼児のマスクは、自己管理の難しさから、推奨されていません（WHO、日本小児科学会）。6歳～12歳でもマスクを使う際には、安全に装着ができるように注意が促されています。そのことを認識した上で、5歳児のMくんの場合を考えてみましょう。

Mくんは、きっとマスクに限らず、いろいろな物が肌に触れることや何かで拘束されることを嫌う子どものように思われます。例えば、発表会のかぶり物、園庭や園外保育での帽子、製作やお絵描き時のスモックなど…いろいろな物が浮かぶでしょう。そんなMくんが、一番敏感な顔を覆うマスクをいやがることは容易に想像できます。

まずは、クラス全員に感染症の話をしてください。むやみやたらに恐怖心をあおることなく、幼児向けに説明されている動画やパンフレットの活用をお勧めします。その中から、マスクの有用性を子どもたちに伝えることが第一歩です。

次に、マスクの材質や耳のゴムのきつさ、顔を覆う部分の広さなどにMくんがストレスを感じない、Mくん用のスペシャルマスクを一緒に探してみましょう。スペシャルという言葉は子どもが大好きなワードです。好きなキャラクター物の選択も有効でしょう。

最後に、Mくんに、マスクを着ける場面と着けなくとも良い場面を伝え、着ける場面での短時間からの着用に挑戦してみましょう。Mくんにタイマーや砂時計の設定を任せることで意識も上がります。着ける場面は、短時間でも最も必要性の高い場合を選びましょう。

Mくんに限らず、子どもたちはマスクの着用には慣れていません。保育者はくれぐれも、安全を確認し、顔色や様子に常に注意を払うことを忘れないようにしましょう。

保護者に伝えよう！

保育者のお悩み

Q マスクを着用するための連携は？

Mくんの保護者も彼のことをよく理解していて、家庭では家族だけなので、特にマスクの強要はされていません。ですが、「心配だから着けてほしいのですが…」とはおっしゃっています。家庭と園で、どのように取り組んでいくと良いでしょうか？

若林先生より

A 家族みんなで習慣化することをお願いしてみましょう

園での取り組みは、園独自ではできません。家庭の協力が必須です。園の取り組みをお話しして、スペシャルマスクを見つけていくことを提案していきましょう。

家でのマスクは、大人でも解放されたいため、着用していない家庭も多いことと思います。ですので、ここはMくんのためにと短時間でも家族のみんなで着けることを習慣化するように協力を求めましょう。例えば、少し頑張ると外すことができるような、食事の準備を手伝ってくれている場面や、入浴前の時間など、導入しやすい場面からのスタートをお願いしてみましょう。保護者も着用を願っているのであれば、可能だと思います。

5歳児 Yくん

園で、全く話さない子

保育者のお悩み

Q24 何をしてほしいの？ 家庭ではおしゃべりなのに園では一言も話してくれない…

5歳児のYくんは、全く話してくれません。

「…どう思う？」と聞いても答えは返ってこず、雰囲気でYくんは「マルと思ってるな」「バツと思ってるな」と察して周りが動いたり、Yくんが何か欲しいときには周りの子どもが「○○をください」と代わりに頼みに来たりしている状況です。

もちろん、発表会の劇では一言も発しませんでした。

保護者に確認してみると、家ではとてもおしゃべりだそうです。

園でも話してほしいと思うのですが…。

もうすぐ小学生のYくん。どう対応してあげれば良いのでしょうか？

1
…どう思う？
……
マル ◯ かな？
2
別の日
……
あれっ
Yくんのツノは？
3
Yくんのツノのきいろいがようしください
ありがとう
はぁ…
4
どう対応してあげれば良いのでしょうか？

若林先生より

A 本人に話したい気持ちがあるなら緊張度が低いものから挑戦を

5歳児のYくんが話さないのは、今に始まったことではないと思います。

「おうちでは話しているから、きっとそのうち話すだろう」「内弁慶かな？」「恥ずかしがり屋なのかな？」などの考えで、今に至ったのではないでしょうか？ そして、小学校入学を控えていよいよ「どうにかしなくては」と思われたのでは？

きっとYくんは、人との関係で緊張が強いお子さんなのでしょう。Yくんに問い掛けたときに、体や表情に硬さが感じられるのではないでしょうか？

「園でも話してほしい」という気持ちはとてもよく分かりますが、今までの積み重ねがあるので、短期間での改善は難しいと思います。

ただし、もしYくん自身も「話したい」と思っていることが確認できたのなら、一緒に場面ごとに緊張のスケールを作ってみたらいかがでしょうか？ その中で一番緊張度が低い場面でのみ、声を出してみる、言葉を出してみる、という挑戦をYくんに提案してみましょう。クラスで仲の良い友達とは、少しくらいは話せるようになるかもしれません。

一番緊張度の高い「発表」などができることを目指すのではなく、〝少しでも声が出ること〟を目標にしてみましょう。スモールステップでYくん自身が「発信できた！」「話すことが楽しい！」と思えることが、小学校で話すチャンスにつながると思います。くれぐれも焦らずに…。

話せなくて最も不便を感じているのも、話したいと思っているのも、Yくん本人なのです。「話したいけれども話せない」という本人の思いを忘れないようにしてくださいね。

散歩のとき…
Aちゃんが
いちばん!!
どんっ!

第2章
友達との関わり

友達と仲良くしてほしい。
でもなかなかそうはいかなくて…。
子ども一人ひとりに寄り添いながら、
そのようなお悩みにお応えします。

怒られた?
疲れ?
退屈?

一体
どうすれば…?
Yくんっ
保護者は
そうですか
だし….
はやく
おりろー!
おりろー!!

4歳児
Mくん

友達との関わり方を伝えたい！

保育者のお悩み
Q25

どうしてたたくの？一緒に遊びたいの？

４歳児のＭくんは、自分より小さくおとなしい友達や目立つ友達の物を取ったり、わざと違う場所に持って行ったりします。時には、突然突進して行って、顔をたたいたり首元に手が出たりすることも……。その都度「取らないよ」「たたかないよ」「お友達、痛かったよ」など禁止の言葉だけでなく、そのときの友達の気持ちやどんな言葉を使うと良いかなどを伝えていますし、「どうしたかったの？」とＭくんの気持ちも確認するようにしています。

また、一生懸命、目を見て伝えようとするのですが、Ｍくんは、保育者の言った言葉をそのままオウム返しするだけで、視線が合わないこともよくあります。

更に伝えたそばから、すぐに手が出ることもあるので、どうしたら良いのかと悩んでいます。Ｍくんのことをどのように理解し、どのように伝えたら、分かってもらえるのでしょうか？

若林先生より

A Mくんとしっかり関わり、今できる保育を一つずつ行ないましょう

Mくんは、自分が優位に立てると思う友達や目立つ友達に対して、手が出ています。その理由と対処法を幾つか考えてみましょう。

①遊びたい…でも関わり方が分からない。

遊び方（関わり方）を具体的に教えてあげましょう。時に友達がしていることを、保育者がMくんの手を取って同じようにすると良いでしょう。

②友達の反応を楽しんでいる。

4歳児になると、ターゲットの友達も、Mくんを怖がったり、たたかれると騒いだりするようになるでしょう。保育者はMくんがたたかないように対象児を守る必要もあります。顔や首に手が出るのは、他の場所（お尻や手、足、体…）よりも反応が大きいことが考えられます。たたかれたり物を取られたりした子どもには、保育者が止めるので、Mくんを追い掛けない、騒がない、大きな声を出さないなど、お願いしてみましょう。Mくんの行動を変えていくために、他児の協力を得ることもこの年齢では可能です。

保育者は、他児にお願いするとき、Mくんがクラスの仲間であることを意識して、他児が過度にMくんを怖がったり嫌ったりしないように伝えましょう。また、他児も我慢していることを理解して、分かってくれてありがとうという気持ちや配慮を意識しましょう。

③保育者の注目を得たい。

保育者に怒られたり追い掛けられたりすることが楽しいのかもしれません。でも、これは、間違った注目のとり方です。マイナス行動で気を引くという関わりではなく、楽しく関わることで保育者の注目が得られるということを伝えていきましょう。そのためには、Mくんとたくさん関わって、発見したお気に入りの遊びで、一緒に楽しめることを目指しましょう。

保護者に伝えよう！

保育者のお悩み

Q 保護者にもMくんの現状を伝えたい

Mくんの園での様子を保護者に伝えても、なかなか受け入れてもらえません。良い面も伝えていますが、課題について伝えようとすると、「またその話ですか…」とうんざりした表情をされます。保護者と一緒にMくんの課題に取り組むにはどうすれば良いのでしょうか？

若林先生より

A 保護者と信頼関係を築きましょう

保護者の「またその話ですか…」の「また」と、保育者の「良い面も伝えています」の言葉に意識を向けてみましょう。きっと、保護者には、良い面よりも、マイナス面のほうが強調されて伝わっているのだと思います。保育者もマイナス面を伝えるためには、良い面も伝えなくてはと無理に探そうと考えていませんか？

肩の力を抜いて、Mくんの育ちを支えたい気持ちをストレートに伝えてみましょう。信頼関係が構築されれば、多少頭の痛い話でも、耳を傾けてくれるものです。困った行動や良い面を意識し過ぎず、一緒に発見した楽しかった遊びや関わり、Mくんと友達のことなど日常の内容から入っていくことも、保護者との壁を低くしていく方法だと思います。

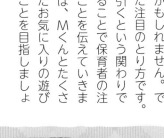

4歳児
Sちゃん

友達によって遊ぶときの態度が違い過ぎる

保育者のお悩み
Q26

友達の気持ちを理解し、自分の気持ちを表現できるようになってほしい

4歳児のSちゃんが、友達によって態度が変わることが気になっています。自分よりおとなしく主張が弱い子と遊ぶときには、相手が泣きそうになるくらい自分の思いを強く主張します。一方で、自分より活発な子、口調が強い子に対しては、遊びの仲間に入ってもSちゃん自身が萎縮して自分の思いを表しません。しかし、後から「〇ちゃんが言ったことが気に入らなかった」「あのとき〇〇くんに、□□って言われた」と、悔しく思っている姿も見受けられます。

Sちゃんがおとなしい友達に接しているときの友達の気持ちは、活発な友達に発信できずに我慢しているSちゃんの気持ちと同じだ、ということには気付いていません。どうしたら相手の気持ちに気付くことができるのでしょうか？　また、自分の気持ちを表現できるようになるために、どう関わるのが良いでしょうか？

若林先生より

A 相手の気持ちに気付いたり、優しい気持ちで伝えたりできるよう考えていきましょう

Sちゃんの課題は3つだと思います。

①おとなしい友達に対する態度がきついということに気付く。

②活発な友達とも萎縮せずに遊ぶ。

③うまく遊べなかった場合でも、後からでなく、そのときに自己表現できるようになる。

この3つに対して大切なことは、〝自分がいやな気持ちになるようなことは、他の友達もいやな気持ちになる〟ということに気付くことです。そのためには、どのような言葉や態度が気持ち良いのか、また優しい気持ちになれるのか、一緒に考えていくことです。

Sちゃんがきつい態度のときには、友達が困っていることを伝えてみましょう。また、自分の思いや意見を主張できないときには、保育者が間に入って、伝えられるように手伝っていきましょう。そうすることで友達の気持ちに気付くようになっていきます。

更に友達が困っている様子に少しでも気付くことができたり、自分の気持ちを言葉や態度で表現することができたりしたときには、そのことをたくさん褒めてあげましょう。このような関わりは、クラス全員で行なうと効果が上がります。

みんなで、〝ふわふわことば（優しい気持ちになる言葉）〟や〝チクチクことば（心が傷つく言葉）〟を探したり、表現の仕方を考えたりできるといいですね。

優しさや表現力は、大人や保育者との一対一の関係よりも、子ども同士での関わりの中でこそ育まれると思います。Sちゃんの行動変化だけでなく、クラス全体のまとまりや優しさや情操教育にもつながっていきます。

Sちゃんとの関わりをきっかけに保育者として、すてきなクラス運営を目指していきましょう。

これものせたいんだけど、いい？
いいよー！

保護者に伝えよう！

保育者のお悩み

Q 友達との関係を心配する保護者にどう伝えて、協力してもらう？

Sちゃんの保護者は、Sちゃんが友達にきついことを言っていること、友達とうまく関われなかったときは、家庭でしょんぼりしていることのどちらも気になっているようです。園で友達関係を学んでほしいと思っています。保護者にどのように伝え、協力してもらえば良いでしょうか？

若林先生より

A 事実を伝え、協力をお願いしましょう

保護者は、強いSちゃんも弱いSちゃんも共に心配されているようですね。まずは、保護者から事実を正確に伝えましょう。その上で、優しいクラスづくりを目指して取り組んでいることを知らせていきましょう。具体的に、子どもたちが考え出した〝ふわふわことば〟や〝チクチクことば〟の例をクラス便りなどに載せてみましょう。家庭でも同じように言葉探しを楽しんだり、激しい言葉に対しては、「チクチクことばだよ」など伝えてもらったりするのもいいですね。

Sちゃんがうまく表現できずに落ち込むことがあるかもしれませんが、保育者と一緒にSちゃんの気持ちを受け止め、できるだけ早く立ち直れるよう協力していくこともお願いしてみましょう。

○○ちゃんは△△って言ったんだって
ふわふわことばだね！

4歳児
Cくん

友達と関わろうとしません

保育者のお悩み

Q27 友達との関わりを増やしたいのは、保育者だけ…？

4歳児のCくんは想像力が豊かです。空き箱や空き容器、ラップ芯、カラーテープなどを使って製作を楽しんでいます。ワニや飛行機、車など、作った物を保育者に紹介してくれますが、なぜか友達には話し掛けません。

園全体の行事や、ホールにみんなで集まって遊ぶときなども、保育室に戻って製作をしたがります。今はみんなと遊ぶ時間だと言って促しても、集団に入ろうとしません。

保育者として、Cくんに友達との交流を増やしてほしいと思います。しかし、保護者は「Cは園へ行くことを楽しんでいるので」と現状に不満はない様子で、なかなか思いを共有できません。「今は無理に友達とふれあわなくてもいいのかも」と、支援すべきか否かで関わり方を迷っています。どのように理解し、支援すれば良いでしょうか？

Cくん
せんせい！
これ ワニ！
本物みたいだね！
お友達には見せないのかな…
Cくんも一緒に遊ぼう!!
いい
おへやでくるまつくりたい
みんなと遊んでほしいけど…

若林先生より

A 気持ちを優先し、今の姿を認めることが大切。しぜんと関わりがもてるよう援助しましょう

Cくんはきっと、大人が相手だとコミュニケーションを取ることができるけれど、子どもと関わるのは難しいと感じているのではないでしょうか?

保育者や保護者といった周囲の大人は、Cくんの気持ちをくみ取りながら、話を合わせてくれます。それはCくんにとって、とても心地良いはずです。ところが、それが友達との会話となると、相手も自分の意思や感情を表現してきます。友達とコミュニケーションを取るためには、互いにぶつかり合ったり、譲り合ったりしながら、Cくん自身も柔軟性を学んでいく必要があります。集団活動も同じです。周囲の状況を理解し、行動することが求められます。それらがCくんにとってはストレスに感じてしまうのでしょう。そこで、その場から離れ、製作に逃げてしまいたいと思うのではないでしょうか?

そんなCくんを集団活動に無理やり入れても、問題は解決しません。まずは、友達の活動を見ているだけでよしとしましょう。見ているだけでも「参加している」と認めてあげてください。Cくんが友達の様子に少しでも興味をもったら、そのときがチャンスです。そばにいる保育者が、しぜんな流れで声を掛け、誘い入れてみましょう。まずは、Cくんの気持ちを優先することが何より大切です。

また、Cくんが得意とする製作の時間も、友達との関わりが生まれやすい時間です。周りの友達がCくんの作品に興味をもてるよう、保育者が積極的に声を掛けると良いでしょう。

わー
Cくんが作った車かっこいいよ!
みせて
ほんとだ!

保護者に伝えよう!

保育者のお悩み

Q 保護者は、Cくんの姿に実感が湧かないようです…

Cくんは、家庭ではよく話をするようで、園で友達と関わりをもとうとしないと伝えても、保護者には実感が湧かないようです。参観でCくんの姿を見てもらっても、「今日はたまたま。Cは園が楽しいと言っています」と返され、なかなか状況を共有できずにいます。どのような姿勢でいるのが良いでしょうか?

若林先生より

A 保護者と一緒に、変化や成長を楽しめるように

保護者が相手であれば、Cくんは保育者以上に話しやすいのでしょう。園でのことをたくさん話しているのだと思います。保育者の思いが伝わりにくいのは仕方ないことです。そこで、まずはできない状況を伝えるのではなく、周りの友達がCくんの製作に興味をもったこと、集団活動の場にいられたことなどを伝えていきましょう。集団活動を見ているときのCくんの良い変化は、必ず強調して伝えるようにしましょう。保護者と一緒に、Cくんの変化や成長を楽しめるようになれば、理解につながるはずです。保育者だけの思いにしないためにも、ファイト!

ワニかっこいいね!

4歳児
Yちゃん

じゃんけんで
トラブルに…

保育者のお悩み
Q28

じゃんけんのたび、ルールに従わず、トラブルに…

4歳児のYちゃんは、じゃんけんが大好きですが、必ずトラブルになります。もうすぐ年長に進級する時期なので心配です。

ある時、Yちゃんは、友達と遊具をめぐってじゃんけんをしました。相手はグーを出し、Yちゃんはチョキ。ルールが分かっていれば、相手の勝ちだと理解できるはずです。ところが、Yちゃんは「やった！　Yちゃん、かった！」とうれしそうに言ったのです。相手の子どもは怒りましたが、Yちゃんが譲らなかったので、最後には泣きだしてしまいました。じゃんけんは常に自分が勝ちだと言ってしまうYちゃんは、ルールが分かっていないのでしょうか？　それとも他に理由があるのでしょうか？

本来なら、順番や所有権などをスムーズに決め、みんなで仲良く過ごすためにする、じゃんけん。正しく理解してもらうためには、どうすれば良いですか？

1
いいよ〜
ブランコ！じゃんけんしよ！
2
Yちゃんのかちー！
やったー！
え？
かったのに!!
3
今度は大丈夫かな？
うさちゃん！じゃんけんしよう！
う〜ん…
4
Yちゃん〜!!
Yちゃんかった!!
うわ〜ん！

若林先生より

A ルールが分からないのか、負けたくないのか。理由をしっかり見極めて対処しましょう

Yちゃんは、じゃんけんが好きだけどルールが分からない？　じゃんけんが好きだけど負けるのが嫌い？　どちらなのでしょうか。

まず、ルールが分からないのであれば、分かりやすく丁寧に教えていきましょう。グーは石、パーは紙、チョキははさみ、という風に別の物になぞらえる方法もおすすめです。厚紙や新聞紙を使って石やはさみを作り、紙も用意して3つを並べて見せます。そしてYちゃんに「紙は石を包めるから、紙の勝ちだね。じゃあ、はさみは石を切れるかな…？」などと、一つずつパターンを示して一緒に確認していくといいですね。「はさみは石を切れないから、石のほうが強い。だからグーはチョキに勝つんだ」ということが分かってもらえれば成功です。後は、友達と一緒にじゃんけんゲームをして、楽しみながらルールに慣れていってもらいましょう（P.5③じゃんけんカード参照）。

負けたくない、勝ちたい、という思いが強い場合は、じゃんけんにこだわる考え方を変えられるといいですね。負けても次があること、順番が後になるだけで使えること、あるいは友達に譲ってあげられる自分になれることなどを伝えるといいでしょう。時には、「負けた人はかわいそうだね。じゃあ、今回は、負けた人が遊具を使えることにしよう」と、保育者がルールを決めてもいいかもしれません。こうしたルール変更は、Yちゃんがどこまでじゃんけんを理解しているかを確かめる指標にもなります。また、先に使った子から次に使う子に、目印のバトンやカードなどを渡すと、順番を意識してもらいやすくなりますよ。

はさみは石を
切れるかな？
きれな～い!

保護者に伝えよう！

保育者のお悩み

Q 家庭でできること、何かありませんか？

じゃんけんの件では、保護者も心配しています。しかし、どうしてあげれば良いのか、私たち共々悩んでいる状態です。家庭でできることは何かありますか？

若林先生より

A 実践してもらえるように、具体的なアドバイスを

家庭でも、石や紙、はさみの〝じゃんけんグッズ〟を作ってもらいましょう。それらを、いろいろな場面で活用し、ルールへの理解を促してもらうといいですよ。例えば、グッズを見せながら「紙を切れるのはど～れ？」と尋ね、「はさみ」などとクイズ感覚で会話を楽しみながら、一緒にチョキのポーズをするといいですね。このように、具体的な方法をアドバイスしてみましょう。

ルールの理解が進んでいる場合は、「負けても大丈夫」という感覚をつかんでもらえるよう、折にふれてじゃんけんで遊んであげるようにお願いしてください。まずは一対一から始め、慣れてきたら家族みんなを巻き込んで、大勢でじゃんけん遊びをすると楽しいでしょう。

じゃん
けん
ぽん

4歳児
Kちゃん

保育室の音や声は
楽しさの表現
なのに…

保育者のお悩み
Q29
音や声の表現活動に参加してほしいときには？

4歳児のKちゃんは大きな音や聞き慣れない音、更に友達の少し大きい声が苦手です。聞こえてくると保育室に入りたがらなかったり、廊下に出て行きたがったりします。保育者も子どもたちが、ゲームや遊びのときに興奮したり、あまりに騒々しかったりすると、少し静かにするようにと言いますが、Kちゃんは一向に保育室に入りたがりません。みんなで歌うことも好きではないようで、我慢ができないときには、両手で耳を塞ぎます。

大きな音や大きな声は、大人でも我慢できないときがあるので、Kちゃんの気持ちも分かりますが、他の子どもと同じように、みんなで活動したり、みんなで歌ったりすることを楽しんでほしいと思っています。騒音が苦手なのか、大勢が苦手なのか、保育室が苦手なのか…理由は分かりません。

Kちゃんをどう理解して、どう支援していけば良いか教えてください。

若林先生より

A 保育者の気付きを大切にしよう

保育者の疑問【騒音が苦手なのか、大勢が苦手なのか、保育室が苦手なのか…】はとても大切な視点だと思います。まず、何が苦手なのかを考えていきましょう。

状況から、大きな音が最も苦手なようにも見えますが、それを確かめるために

①人が少なければ大きな声や音がしていても保育室にいることができるのか

②人が多くても、静かならば保育室にいることができるのか

③少人数ならばゲームを楽しめるのか

④少人数ならば歌をうたうことができるのか

⑤戸外の広く開放的な場所では、歌やゲームを楽しむことができるのか

など、保育者が思い付くいろいろな場面を想定して考えてみましょう。

その上で、これらの中からKちゃんが少しでも楽しむことができる場面や状況が分かればそこをスタートと考えて、刺激(音・人・場所…)を徐々に加えていきましょう。

例えば、①の人が少なければ大きな声や音がしていても大丈夫ということが分かったなら、少人数での活動から始めて、次第に子どもの数を増やしていくといいでしょう。場所についても、できる場所を少しずつ増やしていきましょう。音の場合は、事前に音の大きさをKちゃんに知らせて、受け入れることができるか、つらいか(耐えられないか)を一緒に確認しておくと良いでしょう。

一番大切なことは、Kちゃんが保育室の音が全く聞こえなかったり、様子が見えなくなってしまったりするような場所に行かないようにすることです。常にクラスの一員という意識と、興味や関心を確認し、機会があれば少しでも輪に入れるように促せる状況をつくっておきましょう。

保育室の外から中をのぞくということだけでも入室の第一歩です。

保護者に伝えよう!

保育者のお悩み

Q 保護者とどのように協力していくと良いですか?

Kちゃんの保護者も園での様子は気にしていますが、単に恥ずかしがりや引っ込み思案と考えているようです。そんな保護者に保育者の心配「Kちゃんが大きな音や大人数を苦手としているかもしれないこと」をどのように伝えるのが良いでしょうか?

若林先生より

A Kちゃんの気持ちを代弁して

Kちゃんは、人数が少なかったり、音が小さかったりすると、興味をもって見たり、笑顔が出たりします。Kちゃんが一緒に楽しめるようになると、Kちゃんだけでなく保育者もうれしい、という気持ちを伝えましょう。その上で、保育者が工夫していく中で分かったこと、取り組んでいることを、「○○だと一緒に参加することができています。今度は、更に◇◇もしていこうと思っています」といった見通しをもてる言い方で伝えましょう。

伝えながら、家庭での様子を聞き、家では元気良く話すけれど、園の様子はあまり話してくれない、などのKちゃんの像が見えてきたら、「園でもよく話してくれるKちゃんになるように考えていきますね」「これからの変化が楽しみです。園の様子を話してくれるようになったら、また聞かせてくださいね」という前向きな伝え方をしていきましょう。

4歳児
Wくん

先行し過ぎる気持ち

保育者のお悩み
Q30

大切なのは個人？　集団？

4歳児のWくんは、絵本が大好きなのですが、クラスのみんなの前で絵本を読むと、読んでいる絵本の目の前に来たり、横に来て、絵本の登場人物を指さしたりします。また、知っているお話だと、保育者が読むより先に話の内容を説明しようとします。クラスのみんなは、Wくんの体で絵本が見えにくくなるので、座っている場所から絵本が見えるように、体を少しずらしたり、首を伸ばしたりして、工夫をしています。そのため、せっかく絵本の世界に入り楽しんでもらおうと思っているのに、場が騒がしく落ち着かなくなることがとても残念です。Wくんは周囲のことには全くお構いなしで、自分だけが楽しんでいるような感じにもなってしまっています。

Wくんの絵本好きも大切にしたいし、クラスのみんなにも落ち着いて絵本の世界に入れる環境を用意したいと思うのですが、どうするのが良いのでしょうか。

若林先生より

A クラスのみんなで読み聞かせを楽しめるよう、「人」への対応と「環境」を調整しましょう

保育者がWくんもクラスのみんなも大切にしたい気持ちが伝わってきます。Wくんやみんなという「人」への対応と「環境」の調整という2本柱で考えてみましょう。

まず、「人」です。

●Wくんに対して

絵本の時間にWくんが前に出て来ることは分かっているので、そのときだけ、フリーの保育者に応援をお願いしましょう。Wくんのそばにつき、勝手に立たないことや話さないことを伝えてもらいましょう。

●Wくんやクラスのみんなに対して

Wくんがすぐに立って出歩けない場所に席を決めましょう。個人のイスやクッションを置いて、座る位置を示します。また、立とうとするWくんに「立たないよ」などと伝えられる子どもを近くの席にしましょう。

次は、「環境」の調整です。

●読む位置を高くする

絵本を読む場所を、みんなの視線より高くなる少し高い所にします。保育者が立って読むというのも良いでしょう。

●コーナー（囲い）をつくる

絵本を読むコーナー（囲い）をつくったり、机を置いたりして、保育者の前に来ることが難しい状況にします。

このような対応をしていきながら、最終の目標は、Wくんが自分で行動をコントロールできるようになることです。

一つずつ試してみても良いし、幾つか組み合わせてみることも良いでしょう。何よりも、絵本の好きなWくんとクラスのみんなが同じように読み聞かせを楽しめるようになることです。

保護者に伝えよう！

保護者のお悩み

Q 園での様子をどのように話すべきでしょうか？

家庭でのWくんの様子で一番の心配は、迷子になったり、公共の場で、人に迷惑を掛けたりしないかということだそうです。園での様子を伝えることで更に心配事を増やしてしまうのではと考えると、伝えないほうが良いのでしょうか？　良い伝え方があれば教えてください。

若林先生より

A 保護者の困り感に合わせて伝えましょう

保護者が家庭で心配していることは、Wくんが「周りが見えない」ということで園での様子と共通しています。園での様子を伝え、共同戦線を張っていくことをお勧めします。家族で出掛けるときには、園でのフリーの先生の役割となる「人」の提案をしたり、迷子になってしまいそうな場所や大勢がいる公共の場所はできるだけ避ける、という「環境」への調整方法を伝えたりしてみてはいかがでしょうか。絶対ではなく、方法の一つであるといった伝え方で、悩みの解決方法を共有していきましょう。

応援者を得ることや環境を調整することで、家庭と園の両方で、少しずつ周りに気付く練習ができるでしょう。必ず、Wくんの成長につながりますよ。

4歳児
Aちゃん

「どうしても
一番がいい!!」

保育者のお悩み
Q31

いつでも一番にこだわる子がいて困っています

2年保育の4歳児のAちゃん。並んで散歩に行くとき、手洗いをするときなど、常に一番になりたがります。「順番守ろうね」「〇〇ちゃんが先にいたよ」と話しても、友達を押して無理やり一番になろうとします。順番を守ることを繰り返し伝えても諦め切れず、最後には泣いてしまい、活動に参加しなかったり、保育室から出て行ってしまったりすることがあります。

時々はAちゃんが先頭になれるようにしますが、他の子どもも一番になりたいので、いつもというわけにはいきません。保護者に確認すると、家庭でもAちゃん中心になっているようで、帰宅時に一番に家に入らないとやり直したり、ご飯も一番先にもらえないと食べなかったりするとのことです。

Aちゃんが一番でないときでも、また一番のときがくると理解できるような働き掛けや対応の方法を教えてください。

散歩のとき…
Aちゃんがいちばん!!
どんっ!
また
手洗いのときも…
Aちゃんがあらうの!
Aちゃん、順番守ってね
〇〇ちゃんが先に並んでいたよね
あっAちゃん!

若林先生より

A 一番になれる場面を可視化して、順番を我慢できた子どもを褒めましょう

『一番病』の子どもは、Aちゃんに限らずたくさんいますね。思い通りにならなくて、時に手が出てしまう子どももいます。

まず、Aちゃんの場合は4歳児入園の2年保育ですね。今までは家庭での保育だったのでしょう。家では何でも自分の思う通りで、お姫様だったはずです。初めての集団生活で、思い通りにならないことも学んでほしいのですが、そう簡単にはいきません。

そこで、いつ・どんなときに一番になれるのか、後どれだけ待てば一番が回ってくるのかが分かるように、名前表を作って可視化してみましょう。このとき「必ず一番になれる機会がある」と強調することが大切だと思います。表の作成と同時に、「一番ワッペン」や「一番ペンダント」などを作ることも有効かと思います（P.6④一番ワッペン・一番ペンダント参照）。ただし、その都度「一番になりたかった」という子どもの気持ちは受け止めていきましょう。また、帰りの会などで、その日の様々な場面を子どもたちと一緒に振り返り、その時々で一番になった子どもを確認していくようにしましょう。その際には、一番になれなくても我慢できた子どもを、みんなの前で褒めることも忘れずに。周りの子が褒められたり自分が褒められたりする体験を通して、Aちゃんの意識も徐々に変わっていくことでしょう。

帰りの会
パチ パチ!!!
順番守れたね 偉いね!
じゅんばん…
→Yくん Aちゃん Mちゃん Sくん

保護者に伝えよう！

保育者のお悩み

Q Aちゃんへの働き掛けを、保護者とも考えたいです

お迎えのとき、Aちゃんの保護者は、無理やり一番になろうとしたり、保育者に止められて大泣きしたりしているAちゃんに、「順番守りなさい！」と大きな声で叱ったり、一緒に止めたりすることもあります。保護者とも一緒に、Aちゃんへの働き掛けを考えていけたらと思います。どのように伝えたらいいですか？

若林先生より

A 保護者の不安に寄り添い、具体的な提案をしましょう

まずは、保護者の不安に寄り添い、入園したばかりなので焦る必要はないと伝えましょう。例えば、園での取り組みをしっかりと伝え、家庭でもAちゃんが少しだけ我慢する状況をつくるような協力をお願いしてみましょう。保護者へは「玄関の出入りの順番をカレンダーにマークしたり、食事の用意を手伝ってもらったりして、Aちゃんが少しだけ我慢する状況をつくってみませんか？」などと具体的に伝えることで、保育者との信頼関係をつくっていきましょう。きちんと待てたら褒めることも大切ですね。ご褒美シールをAちゃんに貼ってもらい、10個集まったらキラキラシールになったり、好きなお菓子が一つ買えたりするなども一つの方法として伝えましょう。4歳までに身についた習慣はなかなか変わりませんが、諦めずに一緒に一歩ずつ前進しましょう。

4歳児
Kくん

友達の声もうるさがって耳を塞ぐ子

保育者のお悩み

Q32 「おはよう」もうるさい？耳を塞いで動かない…

4歳児のKくんは、集団など子どもたちがうるさい空間では耳を塞ぎ、保育室の隅で座り込んでしまいます。「おいで」と手招きしてもいやがって動きません。朝も友達の「おはよう」という大きな挨拶に耳を塞ぎます。保護者によると、電車の中や雑踏の中での音は平気、とのこと。Kくんにとって、園生活でみんなの声はどのように聞こえているのでしょうか？

何をしてあげれば、少しは楽になりますか？

1
ブッブー
キー
キャー
キ
わーい
2
みてみてー
おいで
……
うーん
3
別の日
おはようございます
おはようございます！
4
何をしてあげれば…？
……!!

若林先生より

A 聴覚過敏を認めてあげることから

Kくんには聴覚過敏があり、きっと私たちが〝少しうるさい〟と感じる程度の子どもの声でも、「耳が痛い！」、思わず「耳を塞ぎたい！」という大音量として聞こえてしまうのだと思います。

特に子どもの声は大人の何倍も周波数が高く、単に声の大きさだけでなく、かなり甲高く聞こえるので、Kくんの耳塞ぎの理由になっていると思います。

単に慣れれば大丈夫と考えることは難しく、まずはつらい気持ちを受け止めて、耳塞ぎを認めてあげましょう。

保護者の思いや状況を考えながらも、イヤーマフや耳栓で、もっと積極的に音を遮断してあげる方法を考えてもいいかもしれません。単にうるさいのではなく、「Kくんにとっては痛みを伴っている」と考えてあげられるといいですね。

そんなKくんの状態を友達に伝えて、『声のものさし』（P.7⑤参照）で、大きさ調整の協力をしてもらえるとうれしいですね。同じ『声のものさし』で、Kくんにどこまでなら受け入れられるかを確認することも有効だと思います。

予告できる状態では、Kくんにどのくらいの大きさの音が発せられるかも事前に示してあげましょう。

『声のものさし』

0 こころのなか
1 ひそひそばなし
2 となりのひとと
3 ぐるーぷで
4 クラスぜんたいに
5 えんていで

4歳児
Tくん

運動会の練習に参加しない子

保育者のお悩み
Q33 「Tくんだけズルい！」練習になると保育室から出ない…

4歳児のTくんは運動会の練習の参加をいやがり、保育室から出すだけでも一苦労です。まれに園庭まで出てくれますが、練習はしません。

毎年、不思議と本番はできるのです。練習に参加しないことを認めてあげたい気持ちもあるのですが、「Tくんだけズルい！」と言う子もいるので、このままだと、Tくんが仲間外れになってしまうのではないか、という心配もあります。

両方の子どもの気持ちが分かるだけに、いろいろ迷ってしまいます。より良い関係で運動会当日を迎える方法を教えてください。

若林先生より

A 練習参加の仕方を二つに分け、友達と同じ場面を共有してみる

Tくんが練習に参加しないのには、Tくんなりの理由があるのだと思いますが、当日できるということは、Tくんは友達の練習はきちんと見ているのです。

運動会の練習は、保育者も子どもたちも本番を成功させていこうと頑張るので、疲れます。それゆえ、参加しないTくんに対して「ズルい！」という不満が出るのも納得ですね。

運動会の練習の流れをクラス全体で共有してみましょう。昨年のクラスビデオでイメージ化することも有効です。さらに、二つの練習場面を設けてみるのはどうでしょう？

つまり、「友達の練習を見る番」と「実際にする番」の二つの練習を設け、Tくんはまず保育室から他の友達と練習を見ることで、少しでも友達と同じ場面を共有できるようにしてみるのです。

Tくんには、昨年の4歳児のプログラムで同じものがあれば、見せてみて、まず一つだけの練習参加を促すのも良いでしょう（保護者と共に家庭で選んでもらっても良いかもしれません）。その一つを、「実際にする番」のときに練習してみたらどうでしょうか？

きっと、Tくんは練習のときに評価されることも苦手で、失敗にも不安があると思います。保育者は、Tくんが練習に参加できたときにうれしくなってしまうのですが、ぐっと気持ちを抑えて、ごくしぜんな態度で接してみましょう。

今、大切な視点は、Tくんを無理やり保育室から出そうとすることが、かえってTくんの態度をかたくなにしてしまったり、他の子どもにTくんの不参加を強調することにつながったりしてしまっていることへの気付きです。焦らず、みんなにとっての楽しい運動会を目指していきましょう。

4歳児
Yちゃん

友達をたたく…
やめさせたい！

保育者のお悩み

Q34 たたく理由は「わかんない！」どうしてたたくの？

4歳児のYちゃんは、すぐに友達をたたきます。なぜたたくのか理由を聞いても答えず、繰り返し聞くと「わかんない！」と言います。今は、「たたかないよ!!」と言って相手に「ごめんなさい」と言うように促し、Yちゃんもその場では言いますが、本当に悪いと思っている感じがしません。たたく理由が知りたいし、何よりも、たたくことをやめさせたい!!　です。どうしたら、良いですか？

うわ～ん！
あらっ
ペしっ
どうしてたたくの？
わかんない！
ひ～ん
「ごめんなさい」でしょ
ごめんなさい…
うっく
うっく
う～ん…
わ～ん
ぺしっ
あっ！ また！

若林先生より

A まずはたたく理由を考えてみましょう

いますよね。こんな子。保育者たちが緊張して、常に視野の中に入れておかなくては！　と思う子。どういった理由があるのでしょうか？

●もしかしたら、保育者の緊張がYちゃんにも伝わっているのかも…。
●特定の子どもをたたくのならば、その子どもとの関係性（好き・嫌い・一緒に遊びたい・気になる・目立つ　など）？
●保育者たちの注目を浴びたい？
●自分中心で、どの子でも、単に友達が自分の前にいたからとか、横にいたからとかで邪魔？
●力の加減が分からない（調節できない）？

幾つもの理由が考えられます。

4歳児は、言葉も巧みになっていますが、自分の気持ちを上手に表現することのできる子どもは少ないと思います。特に明確な理由がないときは、なおさらです。

大切なことは、できるだけたたく前に止めて、「たたかなかったね」「たたかなくて偉いね」と言葉と同時に身体接触で褒め、たたく行動を減少させることです。

止められずにたたいてしまった場合は、そのときに保育者が感じた気持ちを表現して、正しい行動を伝えましょう（「○○ちゃんが気になったのね。自分でしたかったのかな」「呼びたいときはトントンね」など）。

伝えるときは必ず正面から、顔を見て、具体的に短い言葉にしましょう。

5歳児
Aちゃん

**Aちゃんも
みんなの仲間に
入れたい！**

保育者のお悩み
Q35

「Aちゃん一緒に遊ぼうよ」「こっちでみんなと遊ぼうよ」と誘っても遊ぼうとしない…

友達と関わるのが苦手なAちゃん。

「こっちでみんなと遊ぼうよ」と誘っても、遊びの輪に入らず、誘っていないときに無理やり入って友達にいやがられて泣いてしまいます。

そのためか子どもたちも何となく、Aちゃんは〝一緒に遊べない子〟と感じてしまっていて、Aちゃんを積極的に遊びに誘いません。

Aちゃんは〝できない子〟ではなく、〝強い個性の子〟だと思うのですが、子どもたちにどのように伝えていけば良いのでしょうか？ そして、Aちゃんも一緒に遊べるようにするには、どのような誘い掛けができるのでしょうか？

若林先生より

A ちょっと待って！見方を変えてみませんか？

保育者も考えているように、Aちゃんは個性の強い子なのでしょう。Aちゃんがみんなと一緒に遊べないことが「かわいそう」、保育者として「仲間外れはいけない」「入れてあげないと」…などと思っていませんか？

この見方を少し変えてみませんか？ 見方を変えることを、「フレームを変える」という意味で「リフレーミング」とも呼びます。

Aちゃんは、遊びの輪に入りたいときだけ入ることができれば満足かもしれないし、誘われないことを「悲しい」「仲間外れにされている」などと思っていないかもしれません。むしろ、遊びたくないときは、「誘われなくてラッキー」と感じているかもしれません。

また、保育者がAちゃんを仲間に入れようと働き掛けるほど、他の子どもには「一人でできない子」を強調しているような感じになっていませんか？ 保育者は、自分で判断できたり行動できたりする子どもには、みんながしていることをいちいち伝えたり「入れてもらう？」などと聞いたりしませんよね。子どもたちはしっかり観察して感じているのです。

子どもは正直です。楽しそう・おもしろそうと感じたことには、すぐに飛び付きます。ですから、考え方を変えて、Aちゃんをみんなの中に入れるのではなくて、保育者がAちゃんと楽しそうなことをしている中に、他の子どもが寄ってきて仲間になる…ということも良いですね。

まずは、保育者がAちゃんと思いっ切り楽しんでみてください。必ず、他の子が寄ってきますから。

5歳児
Hちゃん

水が顔に掛かると大泣きする子

保育者のお悩み

Q36 水遊びが好きなんだよね…？同じ水でしょ？

5歳児のHちゃんは、水が大好き。砂場で川を作ったり、プールでもバシャバシャと楽しんだりします。でも、自分の水は掛かってもニコニコはしゃぐのに、友達の水しぶきには大泣きになります。同じ水なのに、はしゃいだり大泣きしたりするのはなぜ？　いつも笑顔にしてあげたいです。
　何をしたら良いか教えてください。

1
砂場で…
それ～
Hちゃんは水遊びが好き！
2
プールでも…
ワニさんになるよ～！
3
ワニ～！
バシャ
きゃ…
4
ぎゃあああ～っ！
どうして!?

若林先生より

A 友達の水しぶきでの大泣きには幾つか理由が考えられます

確かに同じ水ですね。でも、Hちゃんには違って感じるのだと思います。水しぶきが掛かって大泣きになるときの「なぜ？」を、水が掛かる部分や状況を幾つかに分けて考えてみましょう。

①顔だけがいやな場合…顔は誰にとっても体より敏感な場所。特にHちゃんはその傾向が強い。

②顔でも体でもいやな場合…自分が楽しんでいるときには、意識が「楽しい」という方向に向いているので、水しぶきがあまり気にならない。

③「突然」がいやな場合…自分の水しぶきは予測ができるが、友達の水しぶきは〝突然〟という感じを受け、驚きが大きく受け入れられない（きっと、突然だと、触られることにも弱いかもしれませんね）。

　これらの中で当てはまるような傾向が見つかれば、対策が立てやすくなります。まずは、「なぜ？」「どうして？」をいろいろ考えて、試してみましょう。

　もしかしたら、水の中は不安定だからいやなのかもしれません。それなら、シャワーは大丈夫？　事前に、「水掛かるよ」の言葉があれば、どうでしょう？　友達に頼んで、Hちゃんに声を掛けると同時に水を掛けてもらってみては？

　顔だけがいやな場合は、友達の反対を向くようにしてもいいかもしれませんね。Hちゃんが夢中になって気が紛れるよう、ペットボトルに穴をあけて、シャワーのように掛けてみてもいいかもしれません。ボトルキャップを浮かせ、みんなで集める遊びもいいかも（きっとみんなの水しぶきが当たりますね）。

　たくさん考えて試して、Hちゃんの笑顔を確認していきましょう。

5歳児
Mくん

思い通りにできないとやらない子

保育者のお悩み
Q37 Mくんにみんなビックリすぐに「わー!」と騒ぐMくん

5歳児のMくんは、思い通りにならないと「わー!」と言って物を壊します。先日も折り紙の時間、「わからない!!」と言ってきたとき、対応できないでいると、「わー!」と言って、せっかく作ったものをぐちゃぐちゃにして捨ててしまいました。

ドミノでは、友達が少しでも触れてドミノが移動すると、やはり「わー!」と騒いで全部壊してしまいます。

みんなは、Mくんを怖がって避けるようになってきています。自分の思い通りにならなくても、もう少し受け入れられるようになると、友達とも楽しく過ごせることが多くなると思うのですが…。

折り紙の時間
わからない!!
う〜ん…
先生も分からない
わー!
ぐちゃ
分かる先生に聞きに行こう
別の日
あっ
ちょん
わ
ガシャ
ガシャ
どのように関わっていけば…?

若林先生より

A 具体的な怒りの発散方法を繰り返し教えていきましょう

「自分の思い」が一番で、うまくいかないと怒ってしまうMくんには、まず、怒りの発散方法を教えましょう。

Mくんは「自分で感情のコントロールができない」「分かっていても止められない」ので、そのようになる前に声掛けをしたり、怒りの代替行動につながる物を与えたりして、クールダウンを図りましょう。

例えば、折り紙をぐちゃぐちゃにする前に、他の紙を丸めるように渡したり、ドミノの代わりに投げても握ってもいいような布や触覚系(手触りがムニュムニュする)の物、パイルボールやサイコロなどを持たせてみましょう。

悔しかったり、頭にきたりする気持ちは保育者が代弁するものの、うまくいかないときもあるという経験をMくんがすることによって、本人の想定そのものが広がっていきます。

即効性はないかもしれませんが、繰り返し教えていくことで、少しずつでも自己コントロール力が身につくことが、まず初めの目標です。この継続が、就学後の友達との友好関係を育む基礎にもなっていきます。

5歳児
Gくん

いやなことがあると乱暴な行動を…

保育者のお悩み
Q38 感情をコントロールするための対応をいっぱい知りたい!!

5歳児のGくんは、いやなことがあると叫び回ったり、壁をたたいたりします。また、友達から指摘されると、相手をたたいたり蹴ったりしてしまいます。暴れるGくんや周りの子どもへの対応を知っておくことは大切だと思いますが、何よりも、乱暴になる前に、我慢したり、感情を言葉で表現したりできるGくんになってほしいと思っています。

今は、Gくんが興奮したときは、保育者が別室でGくんをぎゅーっと抱きしめるようにしています。本人の気持ちが落ち着くタイミングと合ったときは、何がいやだったのかを保育者に話してくれます。ただし、タイミングが合わないときは、いつまでも暴れてしまいます。他にも何か良い対応方法があれば教えてください。

また、乱暴な行動になる前に、自分で気持ちをコントロールできるようになってほしいと願っているのですが、どうしたら良いのでしょうか?

もうすぐ食事の時間だから
片付けようか!
Gくん
かたづけだよ〜
はっ
だめ!!
Gくん!
ぱしっ
いやーーっ!!
Gくん…!

若林先生より

A 今までの行動パターンを簡単に変えることはできません。焦らずstep-by-step

Gくんととことん向き合っている先生、対応方法として〝寄り添い〟を実行していらっしゃるのですね。すばらしいと思います。他にも幾つか対応方法を提案します。できそうなことから実行してみましょう。

●向き合う

ぎゅーっと抱きしめて、落ち着いたら何がいやだったのかを聞き、そのときの気持ちを受け入れます。話が聞けなかったときは、聞けるときの状況と比べて検証してみましょう。

●爆発は事前にストップ

可能な限り爆発前に止めてみましょう。毎回でなくても、爆発のタイミングが分かるときがあると思います。うまく止められたときには、「たたかなかったね」や「蹴らなかったね」「偉いね」などの言葉を掛けてあげましょう。

●禁止事項はシンプルに

友達に危害が加わるようなことは、しっかり、シンプルに「○○しない!!」と止めながら伝えましょう。

●ストレス耐性をつける

日常生活の保育者とのやり取りの中で、意識的にGくんに少し我慢しなくてはならない場面を用意します。保育者との関係の中で、たたかず言葉で表現できることを増やしていきましょう。

●気持ち良い日が見て分かるように

専用カレンダーを用意し、一日を気持ち良く過ごせた日には、Gくんが好きなシールを貼ったりマークを入れたりしましょう。一週間や一か月の目標を決めても良いでしょう。

今日も 気持ち良く 過ごせたね!
4月
にこにこ シール

保護者に伝えよう!

保護者のお悩み

Q なかなか受け入れてもらえない保護者へのアプローチは?

Gくんの保護者に園での様子を伝えるのですが、家庭では暴力的な姿は見せないようで、「父親が怖いから、父親が一喝したらやめます」と、なかなか受け入れてもらえません。家庭と一緒に、Gくんを支えていきたいのですが、アプローチの仕方を教えてください。

若林先生より

A 環境の違いを伝えて、保護者に教えを乞うのも有効です!

園の集団の場面と家庭では、環境が全く違うことを理解してもらいましょう。その上で、父親が一喝しなくてはならないことは、どんな内容かを確認して、園との行動と結び付けて伝えてみましょう。園には父親はいません。保育者は父親ほど怒ることができないことや、園の中での対応策を考えていきたいことを伝え、園でできる対応のヒントをもらいましょう。

保育者以上にGくんのことを知っているのは、保護者です。その点を強調して、対応の教えを乞うことも時には有効です。全てを保育者が背負い込まず、共に育てていく関係が大切です。

5歳児
Yくん

友達に
ちょっかいを
出してしまう…

保育者のお悩み
Q39

悪いことって分かっているの？分かっていないの？

友達と一緒に大好きな電車ごっこを楽しむ5歳児のYくん。ところが、みんなで話を聞いたり、身支度をする場面では、近くにいる相手に急に大きな声を出したり、いやがる言葉を発したりしがちです。これが4歳児の頃から続いています。理由を聞くと、いつも「ついやっちゃう」と答えます。そして、「ぼくがいやなことしたから、○○ちゃんはないてるよ」と、まるで人ごとです。注意すると「わかった」「ごめんなさい」としょんぼりするものの、またすぐ元に戻ってしまいます。

こちらも気を付けてはいますが、Yくんの行動が素早く、防ぎ切れないときも少なくありません。周りの子どもたちも「またYくんがわるいことしてる」と言うようになりました。Yくんの状況をどのように理解し、援助していけば良いでしょうか。

若林先生より

A 保育者のことばがけ・援助で、自分ペースの遊びから友達と関わる遊びに発展させましょう

Yくんにとって、自分のペースが一番大切なのでしょう。だから、他人の気持ちに気付きにくいようですね。「自分のせいで友達が泣いている」目の前の相手の感情を理解したり、想像したりするのは難しいようです。電車ごっこも、友達と一緒にすることが楽しいというより、単にその遊びが好きだからなのでしょう。

Yくんは、友達に興味や関心がないわけではありません。自分の関心のないこと、楽しめることがないと、ちょっかいを出して関わりを求めています。この関わり方を友達が受け入れられるような形に変えられると良いですね。そのためにも、まずはことばがけを工夫してみましょう。電車ごっこの場面なら、「Yくんと一緒で、○○くんうれしそうだね」「いいね、いいね！」などと声を掛けてみましょう。また、保育者も一緒になって、順番に、運転士や客になる役割遊びに発展させてみましょう。友達への意識につながります。いろいろな場面で、友達との楽しい関わりが経験できると良いですね。保育者の楽しそうな笑顔や声掛けが大切です。

また、「うれしいこと・いやなことは何か?」を、クラスのみんなで考えてみるのも良いでしょう。子どもたちに意見を聞いて、言われてうれしい言葉やされてうれしいことは〝青〟、聞きたくない言葉やされたくないことは〝赤〟、場面や状況によって感じ方が変わることは〝黄色〟というように、信号機に例えてみましょう。クラスのみんなで、〝赤減らし青増やし作戦〟を立てることも楽しいかもしれませんね。

大人はつい、できないことに目がいきがちです。しかし、できていることを「いいね、いいね！」と認めていくほうが、子どもには、どんな言葉が良いか伝わりやすくなりますよ。

保護者に伝えよう！

保育者のお悩み

Q 「つい叱ってしまう」保護者に、どうアドバイスすれば良い？

Yくんの保護者は、Yくんのことをとても気にしている様子。どう接すれば良いか悩みながら、方法が思い付かず、ついつい強く叱ってしまうようです。どのようにアドバイスするのが良いのでしょうか？

若林先生より

A 保護者の気持ちに寄り添い、園と家庭で共同作戦

保護者はみんな、自分の子どもが友達と仲良くしてほしいと思っています。Yくんの保護者も同じです。その思いが先行して、友達とうまく関われないYくんにいら立ってしまうのです。そんな保護者の気持ちに寄り添い、園での工夫やその結果、Yくんの様子を伝えてみましょう。家庭でも園と同じようにできていることを見つけて「いいね、いいね！」の声掛けを勧めましょう。言葉や行動の色分けゲームを楽しむことを提案してもいいですね。笑顔で話し掛けることが、保護者の緊張や構えを軽減できるコツ。園と保護者の両輪で進めましょう。

5歳児
Kくん

小規模園からの転園児には丁寧に

保育者のお悩み
Q40

集団活動を拒むようになりました

　4月に小規模園から来た5歳児のKくん。前園では年下の子どもばかりで、同年齢の子どもはいなかったそうです。初めのうちは、大きな建物、広い保育室や園庭に驚きながらも、同年齢児と一緒にいることにうれしそうにしていましたが、最近は行動が荒くなってきました。また、保育者や友達に「あっちいけ」や「やりたくない」と言ったり、集団活動の邪魔をしたりします。事務室にもよく出入りして、パソコンなどを勝手に触っては保育者の反応を見て喜んでいます。

　Kくんには理解力も集中力もあります。以前、みんなと一緒に食べられなかった給食は、保育者がそばにつけば食べられるようになってきました。給食と同じように、集団活動の輪にも入ってもらいたいのですが、どうすれば良いでしょうか？

若林先生より

A 保育者が仲立ちをして、友達との付き合い方を伝えましょう

大きな園に移って来たKくん。初めのうちは、物珍しさも手伝って、積極的に友達と関わっていたのだと思います。園内を探検するくらいの軽い気持ちだったのでしょう。クラスの子どもたちも、Kくんのことが珍しくて、いろいろと教えてあげたり、遠慮がちに関わったりしていたはずです。

それが一か月ほどたつと、互いのことが徐々に見えてくるため、遠慮や気遣いも薄れてきます。ここからが本当の付き合いの始まりです。これまで年下の子どもたちを引き連れて行動していたKくんも、同年齢児同士のぶつかり合いを経験します。小学校での集団活動に必要な、仲間意識を高める大切な経験です。「何でも自分が一番!」が通らない状況を初めて経験するKくんは大混乱です。その混乱が数々の態度に表れているのでしょう。事務室での行動もKくんの〝SOS〟と捉えることができます。

Kくんの望ましくない言動は、けがや暴力につながらない限り無視していきましょう。そして、少しでもみんなとうまく関われたときには、積極的・意識的に「みんなと一緒で楽しいね」と声を掛けたり、「○○くんとKくんは、今日の給食で何が一番好き?」「○○くんと一緒で楽しそうね」など会話に友達の名前を入れたりしていきましょう。正しい関わり方を評価して伝えていくのです。保育者や友達を求めているKくんに、正しい関わり方を知らせていくことが大切です。

○○くんは何が一番好き?
一緒に食べるとおいしいね!
ぼくはおさかな!

日々の生活や行事の中にチャンスを見いだし、保育者が積極的に、しかし慌てずに仲立ちをしていきましょう。Kくんもきっと、本当の付き合い方を学んでいけることと思います。

保護者に伝えよう!

保育者のお悩み

Q 園での様子を保護者が安心できるように説明したいのですが…

小規模園ではなかった問題が起きたことで、保護者の不安も増したようです。特に、入園当初の喜んでいる姿を見ていただけに、「園に問題があるのでは?」と疑問に感じているようです。今の園での状況を、誤解を与えずに説明したいのですが、どう伝えればいいでしょうか?

若林先生より

A 保護者と一緒にKくんの混乱と向き合いましょう

今回の転園は、就学を考えてのものだとしたら、すばらしいことだと思います。もし違った理由だとしても、就学前にこのような経験ができたことは、良かったと思います。小規模園から小学校へ直接入学しても、きっと同じような混乱が生じたことでしょう。そこで、次のように保護者に伝えてみましょう。

「小学校では、園のように複数担任ではないので、今以上の手厚いケアは期待できません。クラスに担任は一人。勉強も始まります。しかも、今よりもいろいろなクラスメイトと一緒に過ごさなければならないはずです。今を事前練習のときと捉えましょう。そのときになって慌てないためにも、私たちと一緒にKくんの混乱と向き合い、誤った表現方法を正していきましょう」。今は入学前の経験を広げる大切な時間だということ、この悩みをのり越えれば楽しい小学校生活に一歩近づいていくことを合わせて、伝えていくといいでしょう。

5歳児
Nちゃん

言葉で
意思表示して
もらうには

保育者のお悩み
Q 41
意思を言葉にして伝えることが苦手な子がいます

5歳児のNちゃんは、自分の意思をなかなか言葉にして伝えられません。困ったことやいやなことがあると、体育座りのままうなだれ、泣き始めてしまいます。クラス全体で誕生会の係を決めているときも、全部決め終わった後で泣き始めてしまいました。どうやら司会の仕事をしたかったようです。友達の「Nちゃん、しかいがやりたかったの?」という問いにNちゃんがうなずくと、その友達が代わりに「せんせい、Nちゃん、しかいがやりたいんだって」と伝えてくれます。Nちゃんは黙ってうなずいているだけです。

他にも、読みたい絵本を先に借りられてしまうと、大声で泣き始めることもあります。泣き始めるとしばらく収まりません。

自分の意思を言葉にして伝えられないと、就学後に困るのではと心配です。どう対応すればいいでしょうか?

若林先生より

A 言葉で意思表示しない（できない）理由を考え、子どもに寄り添いながら改善していきましょう

①言葉で意思表示する必要がない。
②言葉で意思表示することができない。

Nちゃんが言葉で意思表示しない（できない）のは、大きくこの2点が原因と考えられます。①の場合、友達や保育者が、Nちゃんの気持ちを察して代弁してくれているので、「YES」または「NO」のリアクションのみで済ますことができます。②は言葉で意思表示することが怖いという場合です。例えば、以前、同じ状況で意思表示した結果、いやな思いをしたことがあるのかもしれません。①と②のどちらか、または両方の場合が考えられますので、具体的な対応を考えていきましょう。

①の状況を改善するために、「Nちゃんは自分で伝えられる」ことを他の子どもたちに理解してもらい、代弁する機会を減らしていくようにします。Nちゃんは、言葉こそ発してはいませんが、うなずいたり泣いたりして、しっかり意思表示できているのですから。②の場合は、これまでの園生活や家庭生活の情報を再確認します。そして、意思表示しなくなった時期の前後の出来事が原因であると分かれば、意思表示することは怖くないこと、言葉での意思表示のほうがはっきりと伝わるということを知らせていきましょう。「伝えてくれてありがとう」や「Nちゃんの気持ちがよく分かったよ」など、Nちゃんに寄り添う姿勢も見せてください。就学前だからという焦りは、Nちゃんの成長を遠ざけてしまうので禁物です。すぐには難しいかもしれませんが、まずは友達による代弁から、保育者がNちゃんの意思を直接確認するという方向に変え、スモールステップから始めてみるといいですよ。

保護者に伝えよう！

保育者のお悩み

Q 園での様子をどう伝えれば、協力してもらえますか？

Nちゃんに言葉による意思表示をしてもらうため、保護者にも園での様子を伝えて一緒に向き合っていきたいと考えています。どのような内容をどのように伝え、協力をお願いするといいでしょうか？

若林先生より

A 保護者のやり方を否定せずに、家庭での様子を確認しましょう

まずは、家庭での様子を確認してみましょう。ひょっとすると、Nちゃんは家庭でも言葉で意思表示していないのではないでしょうか。家族がNちゃんの意思を察して先回りしているかもしれませんし、Nちゃんが言葉で表現しても受け止めてもらえていないかもしれません。

ただし、確認する際には注意が必要です。保護者に「自分たちのやり方を否定された」と思われないよう気を付けたいですね。保護者はNちゃんのことをよく分かっているからこそ、先回りしたり受け流したりしているのであって、Nちゃんの意思を否定しているつもりはないはずですから。保護者と連携するためには、まずは事実の確認が大切ですが、そこに批判的な要素が入らないように注意しましょう。

5歳児
Yくん

休み明け、
攻撃的に…

保育者のお悩み
Q42

機嫌が悪く、友達を押したり、暴言を吐いたり…

5歳児のYくんは、週の初めなどの休み明けに、朝から機嫌が悪いことが多いので困っています。廊下ですれ違っただけの子に「じゃまだ！　どけ！」と言って押したり、暴言を吐いたりします。

他にも、集団活動で順番を待っているとき、前に並んでいる友達に「はやくしろ！」と言って急がすことがよくあります。感情が高ぶると手が出ることも…。Yくんが攻撃的にならないよう、できる限り気持ちや思いを受け止め、落ち着けるように配慮していますが、ちょっとした隙に手を出してしまうので、防げないことが多々あります。

こうした状況をYくんの保護者にも伝えるのですが、あまり関心がないようです。具体的に「このようなことがあった」と話しても、反応に手応えを感じられません。Yくんに、どのように接していけばいいでしょうか？

1
どんっ
じゃまだ！どけ！
Yくん
あっ
休み明けのYくん いつも機嫌が悪いのよね…
2
押したらダメだよ
Yくん どうしたの？
休みの間に何かあったのかな…？
3
はやくしろ!!
あっまた！
う〜ん どうしたら…
4
一体 どうすれば…？
Yくんっ
保護者は
そうですか
だし…。
はやくおりろー！
おりろー!!

若林先生より

A 保護者の関心・協力が得られない間は、子どもを丁寧に観察し、原因を探りましょう

今回のように休み明けの行動が問題であれば、休日の過ごし方が大きく影響していると考えられます。この場合、本来なら保護者の協力は不可欠です。

Yくんは、休日のお出掛けの疲れが、週明けにも残っているのかもしれません。もしくは、休日に保護者に叱られたことを、引きずっているのかもしれません。または、保護者が忙しくしていて、放っておかれたのかも？ 原因は幾つか考えられますが、具体的な情報をもらえないと、園での対応策が考えられません。休日に起こった原因が何かによって、当然Yくんへの接し方や対応の方法は大きく変わります。

しかし、保護者の関心が薄いと思われる間は、欲しい情報はもらえませんね。そこで、保護者に関心をもってもらえるまでの間は、保育者なりの対策を進めていきます。特に注意が必要な休み明けに的を絞り、Yくんに積極的に関わっていきましょう。5歳児のYくんからなら、休日の情報を直接得ることもできるでしょう。Yくんをよく観察したり、話を聞いたりして、「疲れているな」と感じたなら、静的な遊びを共有してみましょう。退屈な休日だったため「エネルギーをもて余しているな」と感じたなら、動的な遊びを提案してみましょう。どちらの場合も、Yくんから常に目を離さないようにしながら、保育者も一緒になって遊びに巻き込んでいきましょう。

自分が注目され、中心になって遊んでいる最中は、Yくんの精神状態は安定しているはずです。保育者がYくんに振り回されることはありません。保育者の積極的な関わりで、Yくんの不安定な時間を減らし、安定した時間を増やす方法を考えていきましょう。

保護者に伝えよう！

保育者のお悩み

Q 保護者から情報を得るには、どうすればいいですか？

保護者が園でのYくんの様子に、あまり関心がないように思われます。Yくんのこと、保護者とも一緒に考えていきたいのです。そのためには、保護者にどのような対応をすれば、情報を得ることができますか？

若林先生より

A しぜんな会話をきっかけに。保護者の変化を待ちましょう

Yくんのためには、保護者からも具体的な情報を得る必要がありますね。その伝え方にも、ちょっとした配慮が必要です。園での出来事を伝えるとき、Yくんの態度に困っているというニュアンスが強調されていませんか？ 子どものマイナス面ばかり伝えられると思い、聞きたくない、話したくないという感情から無関心を装っているのかもしれません。まずは「週末は楽しめましたか？」「どこかへお出掛けされましたか？」といった、しぜんな会話から始めてみましょう。

Yくんから聞き取った情報を、保護者に笑顔でさりげなく伝えることも大切です。保護者の様子に変化が見られたならチャンス。少しずつ詳しい内容を聞き出してください。保護者から情報を得られなかった場合は、会話の内容を再検討し、修正・改善していきましょう。何よりも話しやすい雰囲気が大切です。

5歳児
Nちゃん

仲間と一緒に活動してほしい

保育者のお悩み
Q43

クラスの仲間と一緒に活動してもらうには…？

5歳児のNちゃんは、クラス全体での活動になると保育室から出て行き、集まろうとしません。「○○がしたい。△△はやりたくない」と自己主張ばかりです。保育者が「Nちゃんはクラスの大事な仲間だから、いないと寂しいよ」と声を掛けたり、友達が「いっしょにしようよ」と誘ったり手を引いたりしますが、そうすればするほど、目に涙を浮かべ、無理やりでも手をほどこうとし、活動に参加することをかたくなに拒みます。そんなとき、担任以外の保育者がしばらくNちゃんと関わっていると、次第に気持ちがほぐれ、活動中のクラスの輪に入っていけることもあります。

小学校に入学してもこのままだと、Nちゃん自身が困る場面が増えるのではと心配です。どのような支援が効果的か教えてください。

若林先生より

A Nちゃんが拒む理由を考えて、いつもと違う対応を試みましょう

Nちゃんは、気分が変わると、みんなと一緒に活動ができるようですね。そんなNちゃんが活動に参加しない理由は、次のようなことが考えられます。

①構ってほしい
②注目されたい
③自信がない
④保育者を独占したい
⑤マイペース

このうちの一つ、あるいは複数の要素が合わさっているのでしょう。それを見極めることができるのは、いつもNちゃんに関わっている保育者です。

試しに、いつもと少し対応を変えてみてはいかがでしょうか？　これまでの対応は、積極的に仲間に入れようとする優しい対応だったように思います。今回は、積極的な誘い掛けをやめるのはいかがでしょうか。保育者はもちろんのこと、友達からの誘いもやめてみましょう。そして、Nちゃんの様子をさりげなく見守りながら、他の子どもたちと楽しく関わってみてください。Nちゃんが少しでも興味を示したり、気にしたりする様子を見せたら、チャンス到来です。「一緒にしよう」と言って手を引っ張るのではなく、しぜんと輪に入れるようにしましょう。動きを工夫したり、作業中の道具を渡したりしてもいいですね。

Nちゃん自身も気付かないうちに活動の輪に入っていた、という状況がベストです。これならNちゃんの拒否反応もあまり見られないのではないでしょうか。

保護者に伝えよう！

保育者のお悩み

Q 家庭でもできる援助の方法はありますか？

園でのNちゃんの様子を見た保護者も、小学校で友達と仲良くやっていけるか不安を感じたようです。保護者の不安を改善するため、何よりNちゃん自身のためにも、家庭でできる援助を伝えたいのですが、これといった方法が思い浮かびません。どうすれば良いですか？

若林先生より

A 家庭での様子を聞き、まずは園と同じ方法で

まずは家庭での様子を聞いてみましょう。あまのじゃくなNちゃんが、時々現れているかもしれません。それはどんなときかを具体的に聞き、家庭での対応を考える参考にしましょう。

家庭でもNちゃんの振る舞いに苦慮しているようであれば、まずは園で行なっている方法を提案してみましょう。「園と同じ方法でNちゃんを変えてみませんか？」と伝えれば、保護者も「頑張ってみよう」と思うはずです。保護者は、どうして良いか分からない状況が一番不安です。ですから、まずは方向性と方法を示してあげてください。家庭では特に困っていないという場合は、課題は集団生活なので「では、園にお任せください！」と胸を張って言ってあげてください。きっと、ほっとされることでしょう。

5歳児
Kちゃん

声を
聞かせて！

保育者のお悩み

Q44 みんなの前でも、声が出せるように

5歳児のKちゃんは、すごく恥ずかしがり屋です。おうちでは、とっても元気におしゃべりするのに、朝の会で何かを聞かれたり、誕生会などで友達の前に立ったりすると、固まって声が出せません。

散歩や園庭に行くために、列に並ぶときも、いつも友達の後ろに隠れるように並び、みんなで歌うときも、下を向いて、絶対に歌いません。発表会や保育参観のときは、その場所に入ることさえもできません。保育者がなだめたり促したりして、どうにか入っても、表情は硬く、全く動けなくなってしまいます。

保育者や特定の友達との会話も必要なことのみで、会話を楽しんでいるという感じは受けません。

みんなと一緒に、会話や歌を楽しんでほしいと思いますが、どのように関わっていけば良いでしょうか？

若林先生より

A 話せるまでのステップアップ表を一緒に作って、一段ずつ挑戦していきましょう

Kちゃんの様子からは、単に恥ずかしがり屋という域を超えているように思います。人前で話そうとすることが、すごくストレスなのでしょう。

Kちゃん自身、理由は分からずとも、人前でうまく話せないということは理解できています。Kちゃんに「先生と一緒に話せるようになる作戦を考えない?」といった言葉で誘うことからスタートしてみてはどうでしょうか?

人前で話せるようになるためのステップアップ表（P.8参照）を作ろう

保育者と一緒にいろいろな場面（例えば、個人または集団もしくは特定の友達、園内の行事や保育参観、稽古事、近所の人 など）を考えて、Kちゃんがどの場面なら話しやすく、逆に難しいのかをKちゃんと確認をしながら5段階でランク付けしていきます。一番取り組みやすい場面を一番下、一番緊張感が高まる場面を最上階にします。一つの段に複数の場面が入ることがあるかもしれません。同じ階層でもKちゃんにとって難易度が違う場合もあるでしょう。

表ができたら挑戦です。もちろん一番下から始めます。完璧にできなくても大丈夫。ステップアップだけでなく、「◎○△」、挑戦しなかったものは空欄などで、今の頑張りを視覚化することも有効です。何段か上がれることで、自信につながります。一段一段、Kちゃんと上っていきましょう。

卒園するまでに最上階まで行けないかもしれません。けれども、小学校という更なるステップに引き継ぐつもりで寄り添ってあげることが、日々の励みになることは間違いありません。保育者と今まで以上に楽しく話せるようになることも、大きな成長です。保育者の大切な役割は、Kちゃんのどんな小さな成長の変化も見逃さないことです。

保護者に伝えよう!

保育者のお悩み

Q 保護者の焦りを受け止めるには?

Kちゃんの保護者は、Kちゃんが極端な恥ずかしがり屋で内向的な性格だと分かっているのですが、Kちゃんの様子に「どうして話さないの!」などと強い言い方をするなど、最近、いら立ちが感じられます。就学が近づき、心配から出る言葉ではあると思うのですが…。

若林先生より

A Hop・Step・Jumpを目標に、今は確実に一段ずつ

保護者が就学前に焦るのは、ごくしぜんなことです。その気持ちは受け止め、園で行なっているKちゃんとの取り組みを伝え、保護者にも〝協力〟という役割をお願いしてみましょう。

ステップアップ表を作るときの様子や仕組みを話すとともに「階段1が○になったね」や「頑張っているね」「すごい! ここも△になったね」など肯定的なことばがけで褒めてもらいましょう。Kちゃんもおうちの人の言葉が励みとなり、更にやる気も自信も湧いてくるでしょう。その姿に保護者も笑顔が増えてくるはずです。

それでも、保護者の焦りが見えるときは、保育者が園で見られたKちゃんのちょっとした成長を伝えることで、支えていきましょう。

5歳児
Jくん

うまく関われず
一緒に遊べない

保育者のお悩み
Q45

思いや考えを友達に伝えたり、表現したりするには？

9月になりましたが、5歳児のJくんは言葉の数が極端に少なく、発音も少し不明瞭です。役割やルールを話し合う劇や遊びでは、特に言葉が出てきません。「何の役がやりたい？」の問い掛けにも、無関心です。保育者も直接見せることができないため、どのように伝えたら良いのか分かりません。当然、〝演じて楽しむ〟までに至りません。

Jくん自身も友達と遊びたい気持ちはあるようですが、うまく関われないと、はがゆさから「○○ちゃん、いじわる」と言ったり、保育者に「つまんない」と訴えたりします。黙って遊びの輪から外れたり、泣いたりするので、みんなとの距離は広がるばかり。ただし、保育者が橋渡しをすると、Jくんは落ち着いて思いを伝えることができます。自分の言葉がスムーズに出てくるようになれば、Jくんも楽しめるはず。何かできることはありませんか？

若林先生より

A Jくんに寄り添った保育者の援助が必要。課題を一つでもクリアできれば大丈夫!

Jくんの課題を幾つかに分けてみました。

①不明瞭な発音に気付いているか

Jくんは自身の発音の不明瞭さに気付いていますか? そうであれば、まずは正しい音を練習することから始めてみましょう。保育者が正しい音を聴かせ、Jくんの発音に変化が見られれば効果ありです。難しい場合は、言語聴覚士の力を借りるのもいいでしょう。

②目の前にないものをイメージする

目の前にないものをイメージする練習をしましょう。まずはJくんがよく知っている物事について、言葉を使って説明する練習をしてみましょう。例えば、保育者の「お母さんはどんな人?」や「果物を3種類教えて」といった質問に、具体的な答えを挙げながら選択してもらいましょう。慣れてきたらJくん自身が答えを言えるように、レベルアップしていきましょう。

③コミュニケーション力アップ

Jくんに「入れて~」「話してもいい?」「誰の番? 次いい?」など、誘い掛け言葉をたくさん探してもらいましょう。どうしても言葉が詰まるようであれば、ヒントを出すなど保育者が援助しましょう。

④自分の経験や気持ちを話す

まず、保育者とスムーズに会話ができるようになってから、友達とのやり取りにステップアップしてみましょう。

⑤友達が遊ぶ様子を観察する

友達の役割遊びを観察して、演じている役割や様子を保育者に説明することも有効な練習方法です。

全てを実践する必要はありません。一つでもクリアできれば大丈夫です。Jくんに寄り添いながら一つずつ行なってみてください。

保護者に伝えよう!

保育者のお悩み

Q 就学を意識している保護者と一緒に協力していきたい

Jくんの保護者は、半年後に控えた就学を強く意識しています。このままでは、小学校で困る場面が増えてしまうのではないかと心配しているようです。こうした保護者の不安をあおることなく、協力して課題解決していくにはどうすれば良いでしょうか?

若林先生より

A 保育者の考えるプログラムを具体的に伝えましょう

保護者の理解が得やすそうな状況ですね。保護者の不安が少しでも軽くなるよう、具体的な課題解決方法について伝えてあげてください。園で実践しようとしていることを伝えることは、保護者の希望にもつながります。併せて、家庭で実践できそうなことも伝えていくといいですよ。園と家庭の双方でJくんの課題と向き合い、定期的に成果を報告し合うようにしましょう。保護者は、園を心強い味方だと思ってくれるはずです。

就学まであと半年ですが、Jくんの人生はその先もずっと続きます。今はほんの少しの成長かもしれませんが、必ず次のステップへのきっかけになります。その点も強調して伝えられるといいでしょう。

5歳児
Tちゃん

みんなが落ち着いてきたら気になる"一見良い子"

保育者のお悩み
Q46

周囲に関心をもたせるにはどうすれば？

5歳児クラスには、いろいろなタイプの気になる子がいます。自分の思い通りにいかないと、暴力を振るう子、身の回りのことを片付けられない子、落ち着いて座っていられない子、などなど。

しかし、そんな子どもたちも、環境の調整や周囲の人の工夫で随分と落ち着いてきました。すると、今まで少しだけ心配だったTちゃんが、とても気になり、目立ってきました。片付けや発表会の準備、製作などみんなで協力してする作業では、自分の役割や担当が終わると、他の友達がどんなに困っていても、我関せずですし、集団遊びにも参加しません。困っている友達を助けたり、遊びを楽しんだりしてほしいと思います。決まりは守り、登園・降園の支度はいつも一番。苦手なことや興味のないことへの参加渋りは多少あるものの、概して良い子です。

卒園までに周囲の状況や友達に関心をもってもらえるような対応の工夫があれば、ぜひ知りたいです。

若林先生より

A 就学後のことを考えて、友達と積極的に関われる場面をつくりましょう

みんなが落ち着いてきたからこそ、目立ってきたことなのですが、〝そのまま卒園で良い〟と思わずに、最後の贈り物をTちゃんにしたいと考える保育者には拍手を送りたいと思います。

今のTちゃんは、大きな問題はなく、人に迷惑を掛けているわけでもありません。周りもTちゃん自身も、今は困っていません。ただし、自己完結型なので、就学後のグループ活動や学習のときに、なかなか他の子どもとなじめないかもしれません。また、時には他の子どもから文句や批判が出ることにもつながりかねません。良い子のTちゃんはそのまま認め、Tちゃんの気付きを待つのではなく、積極的に友達との関わり方を伝えてみましょう。

例えば、お手紙ごっこなどの共同作業のときに、ペアの場面をつくって、「○○ちゃんを手伝って」と声掛けをしたり、Tちゃんの苦手なことは何かを見極めて、それが得意な子どもと一緒のグループにして、手伝ってもらったりすることも有効でしょう。そして、そのときには「ありがとう」や「よかったね」の言葉を笑顔で伝えましょう。保育者からの評価もきっと励みになるでしょう。

また、決められたことを守るTちゃんだからこそ、保育者の提案した活動にも忠実に参加してくれることと思います。その中で、Tちゃん自身が、楽しさや達成感をもてることを目指しましょう。

大切なことは、今のTちゃんも、忘れずに認めていくことです。今まで、より気になる子に意識が向いていた分、Tちゃんに全力投球していきましょう。きっと、すばらしく、まとまりのある卒園式になることと思います。

保護者に伝えよう！

保育者のお悩み

Q 気になることの伝え方を教えてください

保護者は、自分のことは自分ででき、人に迷惑を掛けないTちゃんのことが自慢です。興味や関心がないことに参加しにくい面があることは、ほとんど気にしていないようです。そんな保護者には、保育者の心配をどのように伝えていくのが良いでしょうか？

若林先生より

A Tちゃんの世界を広げたいという思いを伝えましょう

保護者は〝しっかりした我が子〟と捉えています。伝えるときには細心の注意を払い、伝えることは問題や心配事ではなく、Tちゃんの世界を広げたいという保育者の思いです。今のTちゃんの自立心やしっかりした面を評価した上で、苦手なことに友達と一緒に取り組む様子を話していきましょう。保育者のサポートは伝えず、友達と、苦手なことも得意なことも頑張って楽しんでいる、という現状を伝えます。

会話の中で、友達との関わりや出来事、苦手なことへの取り組みなどに関心をもってもらえたときには、「Tちゃんから園でのお話を聞いたら教えてくださいね」とお願いしておきましょう。問題視していますというニュアンスにならないことが大切です。

〈著者〉

若林千種

公認心理師、臨床心理士、
幼稚園・保育園スーパーバイザー

児童発達支援センター「大田区立こども発達センターわかばの家」にて心理相談員として勤務。退職後、スクールカウンセラー、特別支援学校外部専門員を経て、現在巡回心理相談員（保育園・幼稚園・学校・児童館）として活躍中。

著書に『気になる子の保育がうまくいく方法』（ひかりのくに）。

『月刊 保育とカリキュラム』に連載執筆中。

保カリBOOKS㊻
子ども理解から援助へ
気になる子の保育Q&A46

2021年12月　初版発行
2022年７月　第２版発行

著　者　若林千種
発行人　岡本 功
発行所　ひかりのくに株式会社
〒543-0001　大阪市天王寺区上本町3-2-14
TEL06-6768-1155　郵便振替00920-2-118855
〒175-0082　東京都板橋区高島平6-1-1
TEL03-3979-3112　郵便振替00150-0-30666
ホームページアドレス　https://www.hikarinokuni.co.jp
印刷所　大日本印刷株式会社

Printed in Japan
ISBN978-4-564-60951-0
NDC376　104P　26×21cm

※本書は、『月刊　保育とカリキュラム』2017年4月号～2021年3月号掲載の「気になる子の保育」に加筆・修正し、まとめたものです。

STAFF
●本文イラスト／とみたみはる・坂本直子・nachicco・むかいえり・みやれいこ
●本文デザイン／（株）どりむ社
●校正／株式会社文字工房燦光
●企画・編集／長田亜里沙・三宅 幸・北山文雄

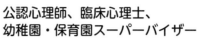